# JOURNAL

DE LA

# CAMPAGNE DE RUSSIE

# JOURNAL

### DE LA

# CAMPAGNE DE RUSSIE

# JOURNAL

DE LA

# CAMPAGNE DE RUSSIE

## EN 1812

### Par M. DE FEZENSAC

LIEUTENANT-GÉNÉRAL

## TOURS

Aᴅ MAME ET Cⁱᴱ, IMPRIMEURS

1849

# JOURNAL

DE LA

# CAMPAGNE DE RUSSIE

## EN 1812

PAR M. DE FEZENSAC
LIEUTENANT-GÉNÉRAL

TOURS

MAME ET Cie, IMPRIMEURS

1849

# JOURNAL

## DE LA

# CAMPAGNE DE RUSSIE

### EN 1812

Iliaci cineres, et flamma extrema meorum,
Testor in occasu vestro, nec tela, nec ullas
Vitavisse vices Danaum; et si fata fuissent
Ut caderem, meruisse manu.

O cendres d'Ilion, et vous, mânes de mes
compagnons, je vous prends à témoin que
dans votre désastre je n'ai reculé ni devant
les traits des ennemis, ni devant aucun genre
de danger, et que si ma destinée l'eût voulu,
j'étais digne de mourir avec vous.

*Énéide*, liv. II.

Ce n'est point l'histoire de la campagne que j'écris ; je suis loin d'en avoir la prétention. C'est mon journal particulier ; c'est le récit fidèle de ce qui s'est passé sous mes yeux. Je raconterai donc simplement ce que j'ai vu et ce qui m'est arrivé, en ajoutant un mot de l'ensemble des opérations de l'armée. Les événements dont j'ai été le témoin sont assez remarquables pour qu'on lise un jour cet écrit avec quelque intérêt. D'ailleurs je ne le destine point au public, mais seulement à ma famille et à mes amis.

Les deux emplois d'aide-de-camp du prince de Neuchâtel et de colonel d'un régiment d'infanterie que j'ai remplis successivement pendant cette campagne, partageront naturellement ce journal en deux parties ; la première comprendra la conquête de la Lithuanie et des provinces russes jusque après la bataille de la Moscowa ; la seconde comprendra l'occupation de Moscou et la retraite jusque sur l'Oder. Elle sera plus étendue que la première, parce que le troisième corps d'armée, dont mon régiment faisait partie, a joué un grand rôle dans la retraite, et que mon nouvel emploi de colonel d'un régiment m'a mis plus à portée de voir de près beaucoup de détails intéressants.

# PREMIÈRE PARTIE

## CHAPITRE I<sup>er</sup>

Composition de l'armée française et de l'armée russe. — Déclaration de guerre. — Passage du Niémen. — Le quartier général à Wilna. — Séparation des deux corps russes. — Conquête de toute la Lithuanie. — Le quartier général à Glubokoé. — Mouvements des Russes. — Combats devant Vitepsk. — Prise de cette ville. — Cantonnements [1].

---

Depuis le traité de paix conclu à Tilsitt et renouvelé à Erfurt, plusieurs causes de mécontentement s'étaient élevées entre la France et la Russie. L'empereur Napoléon s'était emparé des villes anséatiques, et principalement du duché d'Oldenbourg, qui appartenait au beau-frère de l'empereur Alexandre; ses troupes occupaient la Prusse, l'Allemagne tout entière, et il insistait sur l'adhésion entière et

---

[1] Si l'on veut suivre sur la carte les différentes marches, il faut se servir de l'Atlas du général Guillaume de Vaudoncourt. La Pl. XV est la carte générale.

complète de la Russie au système continental. L'empereur Alexandre refusait de persévérer dans un système qui eût entrainé la ruine totale du commerce de son empire; et il exigeait de son côté l'évacuation de la Prusse et des villes anséatiques. La guerre paraissait inévitable; et, dès l'hiver de 1812, les deux armées s'avançaient, l'une pour défendre le territoire russe, l'autre pour l'envahir. Jamais de notre côté l'on n'avait vu réunies de masses aussi imposantes. Onze corps d'infanterie, quatre corps de grosse cavalerie et la garde impériale, formaient un total de plus de 500,000 hommes, protégés par 1,200 bouches à feu [1]. On avait recruté la France, l'Italie, l'Allemagne et la Pologne pour former cette prodigieuse armée; l'Autriche et la Prusse n'avaient pas osé refuser leurs contingents; on y voyait aussi les troupes de l'Illyrie et de la Dalmatie, et même quelques bataillons portugais et espagnols, étonnés de se trouver, à l'autre bout de l'Europe, engagés dans une semblable cause. La

---

[1] La note A en donne le détail. Le total de l'armée, au moment du passage du Niémen, était de 414,000 hommes; mais en ajoutant le 9ᵉ corps et la division Loison, qui n'entrèrent en ligne que plus tard, les nombreux détachements qui vinrent successivement rejoindre les différents corps, les administrateurs, les employés, les non combattants, on arrive facilement au chiffre de 500,000 hommes qui ont fait toute ou partie de cette campagne.

Suède gardait la neutralité ; et la paix conclue avec la Turquie venait de permettre aux Russes de réunir toutes leurs forces contre une aussi formidable invasion.

Pendant que les différents corps de la grande armée traversaient rapidement l'Allemagne, l'empereur Napoléon s'était établi à Dresde et y avait convoqué tous les souverains de la confédération du Rhin, même l'empereur d'Autriche et le roi de Prusse. Il passa plusieurs jours à présider cette assemblée de rois, qu'il paraissait se plaire à humilier par l'éclat de sa puissance.

J'étais alors chef d'escadron et aide-de-camp de M. le duc de Feltre, mon beau-père, ministre de la guerre ; je lui témoignai le désir de faire cette campagne, et, sur sa demande, le prince de Neuchâtel, major général de la grande armée, voulut bien me prendre auprès de lui comme aide-de-camp. Au commencement du mois de mai, je me rendis à Posen, où se réunissait le quartier général. Je passai par Wesel, Magdebourg et Berlin, que je trouvai transformé en une place de guerre. Afin de ne pas gêner la marche des troupes et de conserver en même temps la dignité du roi de Prusse, on avait décidé que ce prince se retirerait à Postdam avec sa garde, et que Berlin serait commandé par un général français. Cette capitale, ainsi que tout le reste de la Prusse, était accablée de logements militaires et de réquisitions de toute espèce. On sait à quelles vexations étaient exposés les habitants des pays que traversaient nos armées, mais jamais elles ne furent poussées si loin qu'à cette époque. C'était peu que l'obligation pour les habitants de nourrir leurs hôtes suivant l'usage constamment établi pendant notre séjour en Allemagne ; on leur enlevait encore leurs bestiaux ; on mettait en réquisition les chevaux et les voitures, que l'on gardait au moins jusqu'à ce que l'on en trouvât d'autres pour les remplacer. J'ai rencontré souvent des paysans à cinquante lieues de leurs villages, conduisant les bagages d'un régiment, et ces pauvres gens finissaient par se trouver heureux de pouvoir se sauver en abandonnant leurs chevaux.

Je trouvai à Posen tous les officiers du quartier général, qui n'avaient pas accompagné l'empereur à Dresde, ainsi que plusieurs régiments de la garde impériale, des troupes appartenant aux différents corps d'armée, des trains d'artillerie, des équipages de toute espèce. Jamais on ne vit d'aussi immenses préparatifs ; l'empereur avait réuni toutes les forces de l'Europe pour cette expédition ; et chacun, à son exemple, emmenait avec lui tout ce dont il pouvait disposer. Chaque officier avait au moins une voiture, et les généraux plusieurs; le nombre de domestiques et de chevaux était prodigieux.

Bientôt le quartier général se porta à Thorn, et de là à Gumbinen, en passant par Osterode, Heilsberg et Guttstadt, lieux célèbres dans la guerre de 1807. L'empereur nous rejoignit à Thorn et alla visiter Dantzick et Kœnigsberg avant d'arriver à Gumbinen. Ce fut dans cette ville que les dernières espérances de paix furent détruites. M. de Narbonne revint de Wilna, en rapportant le refus de l'empereur Alexandre aux propositions qu'il avait été lui faire. A son audience de congé, ce monarque lui dit qu'il se décidait à la guerre; qu'il la soutiendrait avec constance, et que quand même nous serions maîtres de Moscou, il ne croirait point sa cause perdue. *En effet, Sire*, répondit M. de Narbonne, *vous n'en serez pas moins alors le plus puissant monarque de l'Asie.* La déclaration de guerre suivit de près cette dernière démarche; les deux empereurs l'annoncèrent chacun par une proclamation dont le style se ressemblait bien peu. Napoléon s'écriait d'un ton prophétique : *La Russie est entraînée par la fatalité; il faut que son destin s'accomplisse.* Alexandre disait à son armée : *Je suis avec vous : Dieu est contre l'agresseur.*

De Gumbinen, l'armée entra en Pologne pour se rapprocher du Niémen. En passant la frontière, nous fûmes frappés de l'étonnant contraste que présentent ces deux pays, et du changement subit de mœurs des habitants. Tout annonce dans la Prusse l'aisance et la civilisation ; les maisons sont bien bâties, les champs cultivés ; dès qu'on entre en Pologne, on ne rencontre que l'image de la servitude et de la misère, des paysans abrutis, des juifs d'une horrible saleté, des campagnes à peine cultivées, et, pour maisons, de misérables cabanes aussi sales que leurs habitants [1].

L'armée russe réunie à cette époque sur les bords du Niémen était divisée en première et deuxième armée ; la première, commandée directement par le général Barklay de Tolly, généralissime, défendait les passages aux environs de Kowno ; la deuxième, commandée par le prince Bagration, défendait Grodno. Toutes deux formaient un total de 230,000 hommes ; à l'extrême gauche, 68,000 hommes, commandés par le général Tormasow, couvraient la Volhynie ; à l'extrême droite, 34,000 hommes défendaient la Courlande : la Russie avait donc 330,000 hommes sous les armes, et la France environ 400,000.

[1] Atlas de Vaudoncourt, Pl. I, Lithuanie.

Dans cet état de choses, le plan de l'empereur Napoléon fut promptement conçu. Il se décida à forcer le passage du Niémen auprès de Kowno et à marcher rapidement en Lithuanie, afin de séparer le général Barklay du général Bagration. Après avoir dirigé le dixième corps sur Tilsitt pour attaquer la Courlande, et placé les cinquième, septième et huitième corps à Novogrodeck, devant le prince Bagration, il se porta lui-même sur le Niémen avec la garde impériale, les premier, deuxième, troisième et quatrième corps, et les deux premiers corps de cavalerie. Les bords du Niémen furent reconnus ; le point de passage fixé un peu au-dessus de Kowno. L'armée s'y réunit le 25 à l'entrée de la nuit : trois ponts furent construits en un instant.

Le jour paraissait à peine, et déjà le premier corps était passé. Les deuxième et troisième, ainsi que la réserve de cavalerie, le suivirent. Les tentes de l'empereur furent placées sur une hauteur qui domine la rive opposée. C'est là que nous nous étions réunis pour contempler ce magnifique spectacle. Le général Barklay, n'ayant qu'une division sur ce point, ne put s'opposer au passage. Kowno fut occupé sans résistance, et l'empereur y porta son quartier général. De là, les différents corps d'armée marchèrent sur Wilna. Le général Barklay se retirait à leur approche. Je fus plusieurs fois envoyé en mission auprès des généraux qui commandaient nos troupes, et j'eus lieu d'admirer la tenue des régiments, leur enthousiasme, l'ordre et la régularité de leurs mouvements. L'empereur rejoignit l'avant-garde le 27 au soir, et le lendemain matin, après une légère résistance, nos troupes entrèrent dans Wilna, où elles furent reçues avec acclamations.

La campagne était commencée depuis cinq jours, et déjà le projet de l'empereur avait réussi : les deux armées russes étaient séparées ; le général Barklay fit sa retraite sur le camp retranché de Drissa, sur la Dwina, découvrant ainsi la Lithuanie pour couvrir la route de Pétersbourg. Le général Bagration abandonna les bords du Niémen pour s'efforcer de le rejoindre ; mais nos troupes étaient déjà placées entre deux. Pendant le séjour de l'empereur à Wilna, les corps de la grande armée, se répandant dans la Lithuanie, poursuivaient sur toutes les directions les deux armées russes ; le roi de Naples, avec la cavalerie et les deuxième et troisième corps, suivait le mouvement de retraite du général Barklay dans la direction de Drissa. Le premier corps, sur la route de Minsk, coupait la communication au prince Bagration, que les cinquième, septième et huitième corps serraient de près. Les quatrième et sixième corps restaient aux environs de Wilna, dont la garde impériale formait la garnison. Chaque jour était marqué par un succès ; chaque officier envoyé en mission rapportait une heureuse nouvelle. Cependant la saison nous favorisait peu ; à une chaleur étouffante, succéda bientôt une pluie par torrents ; ce changement subit de température, joint à la difficulté de se procurer des fourrages, causa une grande mortalité parmi les chevaux de l'armée ; le mauvais temps acheva de gâter des chemins, qui ne consistent souvent qu'en de longues pièces de bois jetées sur des marais. Le manque de subsistances se faisait déjà sentir ; l'armée vivait des ressources du pays ; et ces ressources, peu considérables par elles-mêmes, l'étaient bien moins encore avant la moisson ; déjà les soldats se livraient à l'indiscipline et au pillage [1] ; mais tout semblait justifié par le succès.

Cependant l'empereur songeait à profiter de l'importante conquête qu'il venait de faire si heureusement dès les premiers jours de la campagne. La situation géographique de Wilna fixa d'abord son attention. La rivière de la Vilia, qui la traverse, est navigable jusqu'au Niémen, ainsi que le Niémen jusqu'à la mer. Cette considération engagea l'empe-

---

[1] Je ne parle point des régiments, mais des traînards marchant isolément et dont le nombre était déjà grand à cette époque.

reur à faire de Wilna son principal dépôt. On trans-
porta les magasins préparés à Dantzick et à Kœnigsberg ; on éleva divers ouvrages de fortifications pour
mettre la ville à l'abri d'un coup de main. En même
temps, Napoléon ne négligea rien pour tirer parti de
l'importance politique de la capitale de la Lithuanie.
A peine étions-nous maîtres de Wilna, que la
noblesse lithuanienne lui demandait le rétablissement du royaume de Pologne. Une diète assemblée
à Varsovie, par sa permission, prononça ce rétablissement, et envoya une députation à Wilna pour
demander l'adhésion de la Lithuanie et solliciter la
protection de l'empereur. Dans une réponse assez
ambiguë, Napoléon leur fit entendre qu'il se déci-
derait après l'événement, en déclarant cependant
qu'il avait garanti à l'empereur d'Autriche l'intégrité
de son territoire, et que par conséquent il fallait
renoncer à la Gallicie. Cette réponse évasive, loin
de décourager les Polonais, ne fit qu'enflammer leur
zèle ; ils se livrèrent avec transport à l'espoir de
recouvrer leur indépendance. La délibération du
grand duché de Varsovie, portant le rétablissement
du royaume de Pologne, fut acceptée solennellement
par la Lithuanie. Cette cérémonie eut lieu dans la
cathédrale de Wilna, où toute la noblesse s'était
réunie. On y voyait les hommes revêtus de l'ancien

costume polonais, les femmes parées de rubans rouges et violets aux couleurs nationales. Après une messe solennelle, l'acte d'adhésion fut lu et accepté avec acclamations; on chanta le *Te Deum*, et, tout de suite après la cérémonie, l'acte d'adhésion fut porté chez le duc de Bassano pour le présenter à l'empereur, qui le reçut avec bienveillance. Aussitôt l'on organisa un gouvernement civil de la Lithuanie, dont la première opération fut d'ordonner de grandes levées d'hommes. Au milieu de ces préparatifs, les assemblées, les bals, les concerts se succédaient sans interruption; témoins de ces fêtes, nous avions peine à reconnaître la capitale d'un pays ravagé par deux armées ennemies, et dont les habitants étaient réduits à la misère et au désespoir; et si les Lithuaniens eux-mêmes paraissaient quelquefois s'en souvenir, c'était pour dire qu'aucun sacrifice ne devait coûter à des Polonais lorsqu'il s'agissait du rétablissement de leur patrie[1].

Le séjour de l'empereur à Wilna nous donna l'occasion d'observer, dans tous ses détails, la composition de l'état-major général. L'empereur avait auprès de lui le grand maréchal, le grand écuyer, ses aides-

---

[1] Le désordre était porté si loin que le sous-préfet de Newtroki (près de Wilna), se rendant à son poste, fut pillé par nos soldats et arriva presque nu dans la ville qu'il venait administrer.

de-camp, ses officiers d'ordonnance, les aides-de-camp de ses aides-de-camp, et plusieurs secrétaires pour son travail du cabinet. Le major général avait huit ou dix aides-de-camp et le nombre de bureaux nécessaire pour tout le travail qu'exigeait une pareille armée ; l'état-major général, composé d'un grand nombre d'officiers de tous grades, était commandé par le général Monthion. L'administration, dirigée par le comte Dumas, intendant général, se subdivisait en service administratif proprement dit : ordonnateurs, inspecteurs aux revues et commissaires des guerres ; service de santé : médecins, chirurgiens et pharmaciens ; service de vivres dans ses différentes branches, et ouvriers de toute espèce. Quand le prince de Neuchâtel en passa la revue à Wilna, on eût cru voir de loin des troupes rangées en bataille, et, par une malheureuse fatalité, malgré le zèle et les talents de l'intendant général, cette immense administration fut presque inutile dès le commencement de la campagne, et devint nuisible à la fin. Qu'on se représente maintenant la réunion sur le même point de tout ce qui composait cet état-major ; qu'on imagine le nombre prodigieux de domestiques, de chevaux de main, de bagages de toute espèce qu'il devait traîner à sa suite, et l'on aura quelque idée du spectacle qu'offrait le quartier général. Aussi, lorsque l'on faisait un mouvement, l'empereur n'emmenait avec lui qu'un très-petit nombre d'officiers ; tout le reste partait d'avance ou suivait en arrière. Si l'on bivaquait, il n'y avait de tentes que pour l'empereur et le prince de Neuchâtel ; les généraux et autres officiers couchaient au bivac, comme le reste de l'armée.

Le service d'aide-de-camp que nous faisions auprès du major général n'avait rien de pénible. Tous les jours deux d'entre nous étaient de service, l'un pour porter les ordres, l'autre pour recevoir les dépêches et les officiers en mission. Notre tour ne revenait donc que tous les quatre ou cinq jours, quand aucun de nous n'était en course ; ce qui arrivait rarement, car on envoyait habituellement les officiers d'état-major. Le prince de Neuchâtel mettait dans ses rapports personnels avec nous ce mélange de bonté et de brusquerie qui composait son caractère. Souvent il ne paraissait faire à nous aucune attention ; mais, dans l'occasion, nous étions sûrs de retrouver tout son intérêt, et, pendant le cours de sa longue carrière militaire, il n'a négligé l'avancement d'aucun des officiers qui ont été employés sous ses ordres. On prenait pour son logement la première maison de la ville après celle de l'empereur ; et, comme il logeait toujours de sa personne auprès de lui, son logement appartenait à ses aides-de-camp. L'un d'eux, M. Pernet, était chargé de tous les détails de sa maison, dont la tenue pouvait servir de modèle ; le prince de Neuchâtel trouvait lui-même, au milieu de ses occupations, le temps d'y songer ; il voulait que ses aides-de-camp ne manquassent de rien, et il avait souvent la bonté de s'en informer. C'était, au milieu de la guerre, une bien grande douceur que de n'avoir à s'occuper d'aucun de ces détails, et de se trouver, sans la moindre peine, mieux logés et mieux nourris que tout le reste de l'armée. La composition des officiers du quartier général contribuait encore à l'agrément de notre situation. Parmi les officiers attachés à l'empereur ou aux généraux de sa maison, se trouvaient MM. Fernand de Chabot, Eugène d'Astorg, de Castellane, de Mortemart, de Talmont. Les aides-de-camp du prince de Neuchâtel étaient MM. de Girardin, de Flahault, Alfred de Noailles, Anatole de Montesquiou, Lecouteulx, Adrien d'Astorg et moi. On pouvait quelquefois se croire encore à Paris au milieu de cette réunion.

Nous voyions peu le prince de Neuchâtel, n'étant chargés d'aucun travail auprès de lui ; il passait presque toute la journée dans son cabinet à expédier des ordres, d'après les instructions de l'empereur. Jamais on ne vit une plus grande exactitude, une soumission plus entière, un dévouement plus absolu. C'était en écrivant la nuit qu'il se reposait des fatigues du jour; souvent au milieu de son sommeil il était appelé pour changer tout le travail de la veille, et quelquefois il ne recevait pour récompense que des réprimandes injustes, ou pour le moins bien sévères. Mais rien ne ralentissait son zèle; aucune fatigue de corps, aucun travail de cabinet n'était au-dessus de ses forces; aucune épreuve ne pouvait lasser sa patience. En un mot, si la situation du prince de Neuchâtel ne lui donna jamais l'occasion de développer les talents nécessaires pour commander en chef de grandes armées, il est impossible au moins de réunir à un plus haut degré les qualités physiques et morales convenables à l'emploi qu'il remplissait auprès d'un homme tel que l'empereur.

Dans les premiers jours de juillet, Napoléon se décida à porter son quartier-général en avant pour suivre le mouvement de l'armée. Glubokoé, petite ville à trente lieues de Wilna, dans la direction de Witepsk, lui parut le point central le plus convenable. En effet, il pouvait de là marcher avec une égale facilité sur le camp de Drissa par la gauche, sur Minsk par la droite, et en avant de lui sur la ligne d'opérations par laquelle les deux armées russes pouvaient tenter encore leur réunion.

Les 4<sup>e</sup> et 6<sup>e</sup> corps et la garde impériale partirent successivement de Wilna, pour suivre cette direction. L'empereur, devant faire le trajet très-rapidement, envoya d'avance presque tous les officiers d'état-major.

Les aides-de-camp du prince de Neuchâtel partirent de Wilna le 12 juin, et en cinq jours de marche [1] nous arrivâmes à Glubokoé. Le pays que nous traversâmes était en général beau et bien cultivé ; les villages, misérables comme tous ceux de Pologne et ravagés par nos troupes. Nous rencontrâmes plusieurs régiments de la jeune garde ; je remarquai entre autres le régiment des flanqueurs, composé de très-jeunes gens. Ce régiment était parti de Saint-Denis, et n'avait eu de repos qu'un jour à Mayence et un à Marienwerder sur la Vistule ; encore faisait-on faire l'exercice aux soldats les jours de marche, après leur arrivée, parce que l'empereur ne les avait pas trouvés assez instruits. Aussi ce régiment fut-il le premier détruit ; déjà les soldats mouraient d'épuisement sur les routes.

Glubokoé, petite ville toute bâtie en bois, n'est habitée que par des Juifs ; les forêts et les lacs qui l'entourent lui donnent un aspect triste et sauvage ;

[1] Par Lavarischki, Mikailtchi, Cheki et Daniélowits.

et les souvenirs de Wilna ne contribuèrent pas à nous en rendre le séjour agréable. L'empereur y arriva dès le 18, et les plans de l'ennemi lui firent adopter de nouvelles dispositions.

Le prince Bagration, par la rapidité de sa marche, avait échappé à la poursuite des 5e et 8e corps, et était hors de leur portée. L'empereur, très-mécontent du roi de Westphalie, venait de lui retirer son commandement et de le renvoyer dans ses États, après avoir confié au prince d'Eckmühl le commandement de toute l'aile droite. Mais nécessairement ces nouvelles dispositions firent perdre du temps ; le prince Bagration en profita ; dès le 17 il passa la Bérézina à Bobruisk, et marcha sur Mohilow pour rejoindre le général Barklay à Witepsk ; tout ce que put faire le prince d'Eckmühl fut d'arriver avant lui à Mohilow et d'entreprendre de lui fermer le chemin. D'un autre côté, le général Barklay, informé de ces événements, et voyant l'impossibilité où était le prince Bagration d'arriver au camp de Drissa, résolut de marcher à sa rencontre en avant de Witepsk. Ce camp retranché, qui avait coûté tant de soins à construire, fut évacué sans coup férir le 18, et l'armée russe se dirigea en toute hâte sur Witepsk. Le général Wittgenstein resta en avant de Polotzk sur la rive droite de la Dwina, dans le but de défendre la route de Pétersbourg. Les

2ᵉ et 6ᵉ corps se portèrent à Polotzk pour s'opposer à lui. Les 3ᵉ et 4ᵉ corps, la cavalerie et la garde poursuivirent rapidement la grande armée russe dans la direction de Witepsk. Le quartier-général, parti le 22 de Glubokoé, arriva le 24 à Beszenkowisk; tous les rapports donnaient lieu de croire que l'ennemi livrerait une grande bataille devant Witepsk. L'ardeur des régiments était extrême, et nous la partagions tous.

Le 25 au matin, le prince de Neuchâtel m'ordonna de parcourir toute la droite de l'armée jusqu'à Mohilow, où je devais trouver le prince d'Eckmühl; mes instructions portaient d'expédier des ordonnances pour informer, sur-le-champ, l'empereur de tout ce que j'apprendrais de nouveau. Un officier polonais m'accompagnait pour questionner les habitants. L'empereur mettait particulièrement du prix à connaître dans quelle situation était le prince d'Eckmühl vis-à-vis du prince Bagration, et si les 5ᵉ et 8ᵉ corps étaient enfin en mesure de le seconder. Je partis aux premiers coups de canon qui annonçaient l'attaque du roi de Naples.

Mohilow est à environ 35 lieues de Babinovitschi; on rejoint à Sienno la route de poste; mais tous les chevaux ayant été enlevés, il fallut user d'industrie pour continuer notre route; mon compagnon de voyage me fut fort utile, en me conduisant dans des châteaux polonais, dont les seigneurs nous fournissaient des chevaux. Le pays était tranquille, et l'on n'y savait aucune nouvelle ; la nuit nous arrivâmes à Kochanow ; le général Grouchy y commandait un corps de cavalerie, dont l'avant-garde était établie à Orcha, sous les ordres du général Colbert. Il y avait devant lui un corps russe qui défendait la route de Smolensk. Le 26, à la pointe du jour, nous arrivâmes à Chklow, petite ville de Juifs très-commerçante, et dans la matinée à Mohilow où était le 1er corps ; j'eus lieu d'observer dans cette dernière ville l'ordre et la discipline qui distinguaient toujours les troupes du prince d'Eckmühl. J'appris de lui que le prince Bagration, remontant le Dniéper depuis Staroi-Bychow, l'avait attaqué inutilement les 22 et 23 ; que désespérant alors de forcer le passage à Mohilow, le prince Bagration avait passé le Dniéper à Staroi-Bychow et se retirait dans la direction de Smolensk. Quant aux 5e et 8e corps, ils étaient attendus à Mohilow, et aussitôt après leur arrivée, le prince d'Eckmühl comptait remonter le Dniéper jusqu'à Orcha pour se rapprocher des autres corps d'armée. Ainsi le prince Bagration avait échappé aux efforts que l'on faisait pour l'envelopper ; mais aussi sa réunion avec le général Barklay sous les murs de Witepsk était devenue impossible.

Le 26 était un dimanche. Le prince d'Eckmühl, au sortir de la messe, reçut l'archimandrite et lui recommanda de reconnaître l'empereur Napoléon pour son souverain, et de substituer, dans les prières publiques, son nom à celui de l'empereur Alexandre. Il lui rappela à ce sujet les paroles de l'Évangile, *qu'il faut rendre à César ce qui est à César,* en ajoutant que César voulait dire celui qui est le plus fort. L'archimandrite promit de se conformer à cette instruction ; mais il le fit d'un ton qui témoignait qu'il l'approuvait peu.

Je partis le même soir par la même route ; le lendemain, en approchant de l'armée, j'appris que les trois jours de mon absence avaient été remplis par trois combats brillants, dans lesquels Ostrowno avait été emporté, et l'armée russe poussée de position en position jusque sous les murs de Witepsk. Je traversai les champs de bataille encore couverts des débris de ces trois combats, et j'arrivai le soir du 26 au quartier-général, où je rendis compte de ma mission à l'empereur et au prince de Neuchâtel

L'armée était campée en bataille vis-à-vis de l'armée russe, dont le ruisseau de la Lutchissa la séparait, et les tentes de l'empereur dressées sur une hauteur vers le centre. Notre soirée se passa à raconter ma mission et à entendre à mon tour le récit des combats qui venaient de se livrer. J'appris avec plaisir que plusieurs aides-de-camp du prince de Neuchâtel s'y étaient distingués, et que la belle conduite des troupes promettait les plus brillants succès dans des occasions plus importantes. On s'attendait le lendemain à une bataille générale ; la surprise fut grande en voyant, à la pointe du jour, que l'ennemi s'était retiré. Le général Barklay avait, en effet, reçu l'avis que le prince Bagration, n'ayant pu forcer le pont de Mohilow, passait le Dniéper au-dessous de cette ville et se dirigeait sur Smolensk, seul point où il pût se réunir à lui ; et Barklay, ne voulant pas livrer bataille avant cette réunion, s'était décidé à quitter Witepsk pour marcher sur Smolensk [1].

L'empereur entra dans Witepsk et dirigea ses troupes à la poursuite de l'ennemi. Au bout de deux jours, voyant le mouvement de retraite bien décidé sur

[1] Les combats d'Ostrowno et de Witepsk furent livrés aux Russes par la cavalerie du roi de Naples et par le 4e corps. Dans l'un de ces combats, deux compagnies de voltigeurs du 9e régiment (4e corps), s'étant engagées fort avant dans la plaine, furent chargées par toute la cavalerie russe. Ces deux compagnies, serrées en masse, repoussèrent cette attaque et vinrent rejoindre l'armée française, qui, réunie sur les hauteurs environnantes, comme sur un amphithéâtre, contemplait cette belle action et encourageait les soldats par ses applaudissements.

Smolensk, il résolut de donner à son armée quelque temps de repos, d'autant mieux que les bonnes nouvelles qu'il recevait des corps détachés rendaient pour ce repos le moment très-favorable. A la gauche le 10e corps avait conquis la Courlande et s'approchait de Riga. Le duc de Reggio, à la tête des 2e et 6e corps, venait de battre le général Wittgenstein en avant de Polotzk, tandis que sur la droite le 7e corps et les Autrichiens, entre le Bug et la Narew, se soutenaient avec avantage contre le général Tormasow. Les corps de la grande armée furent cantonnés entre le Dniéper et la Dwina; le 5e corps, à la droite, à Mohilow, et successivement les 8e, 1er, 3e, et 4e, dont la gauche était à Vély, au-dessus de Witepsk, la cavalerie en avant-garde, la garde impériale et le quartier-général à Witepsk.

# CHAPITRE II

Séjour à Witepsk. — Situation de l'armée. — Marche sur Smolensk. — Combat et prise de cette ville. — Affaire de Valoutino. — Projets de l'empereur. — Marche sur Moscou. — Bataille de la Moscowa.

———

La ville de Witepsk, seul lieu considérable que nous ayons rencontré depuis Wilna, offrait un séjour convenable pour le quartier-général. Napoléon en profita pour achever d'organiser le gouvernement provisoire de la Lithuanie qu'il avait établi à Wilna. Comme il était de notre intérêt de ménager Witepsk et que nous y entrâmes sans combat, la ville ne fut point pillée. Witepsk, capitale de la Russie Blanche, située sur la Dwina à égale distance de Pétersbourg et de Moscou, est commerçante et bien peuplée. Sa province, réunie depuis longtemps à la Russie, en a pris les mœurs et les habitudes; aussi nous ne retrouvâmes point à Witepsk l'enthousiasme de Wilna. Les habitants nous reçurent plutôt comme des conquérants que comme des libérateurs. Mais l'intérêt de la politique de l'empereur était de reculer autant que possible les frontières de la Pologne ; et la province de Witepsk fut déclarée malgré elle partie intégrante de ce royaume. On lui nomma un gouverneur et un intendant qui reçurent l'ordre de la traiter en alliée et non en sujette.

Un nouveau genre de désordre fixa en même temps l'attention de Napoléon. Les paysans des environs, entendant parler de liberté et d'indépendance, s'étaient crus autorisés à se soulever contre leurs seigneurs et se livraient à la licence la plus effrénée. La noblesse de Witepsk en porta plainte à l'empereur, qui ordonna des mesures sévères pour les faire rentrer dans le devoir. Il importait d'arrêter un mouvement qui pouvait dégénérer en guerre civile. Des colonnes mobiles furent envoyées ; quelques exemples en imposèrent, et l'ordre fut bientôt rétabli.

Pour nous, qui n'avions à nous mêler ni d'administration ni de police, nous employions notre repos à parler de nos premiers succès et à nous en promettre de nouveaux. Jamais campagne n'avait commencé d'une manière plus brillante. La Lithuanie entière était conquise en un mois, presque sans combattre ; l'armée, réunie sur les bords du Dniéper et de la Dwina, n'attendait que l'ordre de son chef pour pénétrer dans l'intérieur de la Russie. D'ailleurs les dispositions des ennemis depuis le passage du Niémen donnaient lieu de croire qu'ils n'avaient aucun plan arrêté. Placés d'abord pour défendre le Niémen et ayant Wilna pour place d'armes, on les avait vus abandonner rapidement les bords de ce fleuve, détruire les magasins de Wilna, laisser couper la communication entre les deux armées et découvrir la Lithuanie tout entière. On avait vu le général Barklay se retirer sur la Dwina dans le camp de Drissa pour y attendre le prince Bagration, qui, depuis le passage du Niémen par l'armée française, était dans l'impossibilité absolue de l'y joindre ; puis abandonner encore sans combattre ce camp retranché qui avait coûté tant de temps à construire, s'arrêter quelques jours devant Witepsk et en partir tout à coup pour se réunir enfin au prince Bagration sous les murs de Smolensk. La supériorité des manœuvres de l'empereur était incontestable ; le talent de nos généraux, la bravoure de nos troupes n'était pas douteuse. S'il y avait une bataille, on pouvait espérer la victoire ; si l'ennemi l'évitait, on organisait la Lithuanie, on prenait Riga, et l'année prochaine la campagne s'ouvrait avec d'immenses avantages. L'empereur partageait d'aussi brillantes espérances. Dans une conversation qu'il eut à Witepsk avec M. de Narbonne, il évaluait à 130,000 hommes les deux armées russes réunies devant Smolensk ; il comptait en avoir 170,000 avec la garde, la cavalerie, les 1er, 3e, 4e, 5e et 8e corps ; si l'on évitait la bataille, il ne dépasserait pas Smolensk ; s'il remportait une victoire complète, peut-être marcherait-il droit à Moscou ; mais dans tous les cas une bataille, même indécise, lui paraissait un grand acheminement vers la paix.

Cependant les gens d'un esprit sage et les officiers expérimentés n'étaient pas sans inquiétude : ils voyaient l'armée diminuée d'un tiers depuis le passage du Niémen, et presque sans combattre, par l'impossibilité de pourvoir à sa subsistance d'une manière réglée, et la difficulté de tirer quelque chose, même en pillant, d'un pays pauvre par lui-même, et déjà ravagé par l'armée russe. Ils remarquaient la mortalité effrayante des chevaux, la mise à pied d'une partie de la cavalerie, la conduite de l'artillerie rendue plus difficile, les convois d'ambulance et les fourgons de médicaments forcés de rester en arrière ; aussi, en entrant dans les hôpitaux, trouvaient-ils les malades presque sans secours. Ils se demandaient non-seulement ce que deviendrait cette armée si elle était battue, mais même comment elle supporterait les pertes qu'allaient causer de nouvelles marches et des combats plus sérieux. Au milieu de ces motifs d'inquiétude, ils étaient frappés de l'ordre admirable dans lequel l'armée russe avait fait sa retraite, toujours couverte par ses nombreux Cosaques, et sans abandonner un seul canon, une seule voiture, un seul malade. Ils savaient d'ailleurs que l'empereur Alexandre appelait tous les Russes à la défense de la patrie, et que chaque pas que nous allions faire dans l'intérieur de l'empire diminuerait nos forces et augmenterait celles de nos ennemis.

L'empereur passa quinze jours à Witepsk; tous les matins à six heures, il assistait à la parade de la garde devant son palais; il exigeait que tout le monde s'y trouvât; il fit même abattre quelques maisons pour agrandir le terrain. Là, en présence de l'état-major général et de la garde assemblée, il entrait dans les plus grands détails sur tous les objets de l'administration de l'armée; les commissaires des guerres, les officiers de santé étaient appelés et sommés de déclarer dans quel état étaient les subsistances, comment les malades étaient soignés dans les hôpitaux, combien de pansements on avait réunis pour les blessés. Souvent ils recevaient des réprimandes ou des reproches très-durs. Personne plus que Napoléon n'a pris soin des subsistances et des hôpitaux de l'armée. Mais il ne suffit pas de donner des ordres, il faut que ces ordres soient exécutables ; et avec la rapidité des mouvements, la concentration des troupes sur un même point, le mauvais état des chemins, la difficulté de nourrir les chevaux, comment aurait-il été possible de faire des distributions régulières et d'organiser convenablement le service des hôpitaux ? Les soldats, qui ne tenaient aucun compte de ces impossibilités, n'accusaient que le zèle et quelquefois la probité des administrateurs : ils disaient en périssant de misère sur les grandes routes ou dans les ambulances : *C'est malheureux, l'empereur s'occupe pourtant bien de nous.*

Ce fut à une de ces parades que fut reçu le général Friant, commandant des grenadiers à pied de la garde, à la place du général Dorsenne, mort en Espagne. Napoléon le reçut lui-même à la tête des grenadiers de la garde l'épée à la main, et l'embrassa.

Cependant, dans les premiers jours d'août, les Russes livrèrent à nos avant-postes quelques combats, avec des succès divers. Toutes les mesures étant prises et l'ordre donné d'emporter pour quinze jours de vivres, l'empereur se décida à marcher sur Smolensk par la rive gauche du Dniéper. Ce mouvement commença le 10, et tous les corps d'armée prirent la grande route d'Orcha à Smolensk ; un pont de bateaux fut jeté à Rasasna ; les 3e et 4e corps, la cavalerie, la garde impériale le passèrent et se portèrent rapidement sur la route de Smolensk, tandis que les 1er et 8e corps, déjà placés à Dubrowna et Orcha, marchaient dans la même direction, et que le 5e corps, passant le Dniéper à Mohilow, appuyait le mouvement par la droite. Toutes ces manœuvres furent exécutées avec une rapidité et une précision à laquelle les Russes ont rendu justice. L'empereur partit de Witepsk le 13; il passa le Dniéper à Rasasna; déjà le 14, l'avant-garde ennemie, postée à Krasnoé, fut vivement repoussée par le roi de Naples et le maréchal Ney.

Le 15, le quartier-général était à Koritnya, et l'avant-garde s'approchait de Smolensk. L'empereur, trop occupé des opérations militaires, ne voulut recevoir aucun compliment pour le jour de sa fête; il passa la soirée à questionner les prisonniers avec grand détail, et leurs rapports, joints aux mouvements rapides des armées russes, donnèrent lieu de croire que Smolensk était évacuée.

Le 16, à la pointe du jour, quelques officiers du quartier-général et beaucoup de domestiques qui allaient en avant pour faire les logements, trouvèrent l'avant-garde aux prises avec les ennemis, et l'on apprit bientôt que la nouvelle de l'évacuation de la ville était fausse. En effet, le général Barklay, qui couvrait Smolensk sur l'autre rive du fleuve, voyant le mouvement général de notre armée par la rive gauche, s'y était reporté précipitamment; il avait ordonné au prince Bagration d'occuper en arrière D'horogobuz, sur la route de Moscou, pour couvrir ses communications avec cette capitale; et il se préparait à défendre lui-même Smolensk [1].

L'empereur mit ses troupes en mouvement, et l'arrière-garde ennemie se repliant successivement, nous arrivâmes le soir devant les murs de la ville.

Smolensk est célèbre dans les anciennes guerres de la Russie et de la Pologne, qui se la disputèrent longtemps. Mais la Pologne l'ayant cédée depuis près d'un demi-siècle à la Russie, elle est devenue entièrement russe. Ses hautes murailles, garnies de tours, attestaient encore à nos yeux son ancienne importance. Les fortifications étaient loin d'être construites dans le nouveau système et d'offrir, pour une défense régulière les avantages que présentent nos places de guerre; mais le grand développement de ses murailles sur une étendue de près de quatre mille toises, leur hauteur de vingt-cinq pieds, leur épaisseur de dix, le large fossé et le chemin couvert qui en défendaient les approches, rendaient difficile

---

[1] PLANCHE VIII. — Bataille de Smolensk.

une attaque de vive force; les remparts étaient
garnis d'une nombreuse artillerie, les faubourgs en
avant de l'enceinte retranchés, les maisons cré-
nelées.

Sur l'autre rive du Dniéper s'élève un faubourg
en amphithéâtre; l'armée russe était en position sur
les hauteurs qui dominent ce faubourg, prête à soutenir au besoin les divisions qui allaient défendre
Smolensk.

L'empereur reconnut dans la soirée toute l'enceinte de la ville; il plaça son armée en demi-cercle,
appuyant des deux côtés au Dniéper; le 3e corps à
l'extrême gauche; puis successivement les 1er et
5e corps; enfin la cavalerie du roi de Naples à
l'extrême droite; la garde impériale en réserve derrière le centre avec le quartier-général. Le 4e corps
était resté en arrière; le 8e, ayant fait un faux mouvement, n'arriva pas.

La nuit se passa au bivouac, et contre notre at-
tente, la matinée du lendemain fut tranquille. J'ai
su depuis que l'empereur croyait être attaqué par les
Russes sous les murs de la ville, et qu'il préférait les
attendre. Cependant, à deux heures voyant que rien
ne paraissait, il ordonna l'attaque. Les troupes des
3e et 1er corps enlevèrent les faubourgs; les Russes,
chassés du chemin couvert, rentrèrent dans la place,

les batteries de brèche ouvrirent leur feu ; mais l'épaisseur des murs était telle que le canon n'y produisait que peu d'effet. J'eus lieu de m'en convaincre par moi-même, ayant reçu l'ordre de l'empereur de visiter les batteries ; et, d'après l'avis unanime des officiers d'artillerie, il renonça au projet de livrer l'assaut le soir même, et fit cesser le feu, remettant au lendemain la prise de la ville.

En retournant aux tentes, on parla de l'affaire du jour ; les anciens officiers de l'armée d'Égypte disaient à demi-voix que l'épaisseur des murailles de Smolensk leur rappelait celles de Saint-Jean d'Acre.

Le 18, à la pointe du jour, quelques soldats, voyant les remparts dégarnis, pénétrèrent dans la ville et rendirent compte qu'elle était abandonnée ; on en prit possession sur-le-champ ; les Russes l'avaient incendiée la nuit en la quittant ; les ponts étaient brisés, et l'armée russe rangée sur la rive droite. Une fusillade très-vive s'établit entre les deux rives et dura tout le jour, pendant que nous travaillions à la construction des ponts. Le soir et dans la nuit le général Barklay continua sa retraite par la route de Moscou, après avoir brûlé le faubourg de la rive droite. Le quartier-général s'établit à Smolensk.

Le 19, le 5ᵉ corps, suivi du 1ᵉʳ, passa le Dniéper

et poursuivit l'ennemi; le maréchal Ney l'atteignit près de Valutina-Gora, à deux lieues de Smolensk, et le battit complétement après une vive résistance. Le 8e corps avait reçu l'ordre de passer le Dniéper au-dessus de Smolensk pour prendre l'ennemi à revers; ce corps d'armée resta encore en arrière, et son absence empêcha de compléter le succès de la journée; j'ignore quelle cause retarda sa marche ou fit changer sa direction. Quoi qu'il en soit, l'empereur en garda rancune au duc d'Abrantès, et refusa de le recevoir la première fois qu'il se présenta devant lui.

Le 5e corps déploya dans cette journée une valeur si brillante, que les Russes crurent avoir affaire à la garde impériale; l'empereur, qui avait été présent au combat, retourna le lendemain sur le champ de bataille; il passa en revue sur le terrain et au milieu des morts les troupes qui avaient combattu la veille. Après leur avoir témoigné sa satisfaction et donné des regrets à la perte du général Gudin, tué à la tête de sa division, il accorda aux régiments beaucoup de grâces et d'avancements. Le 127e, de nouvelle formation, reçut un aigle.

L'avant-garde se remit à la poursuite de l'ennemi, et l'empereur rentra dans Smolensk pour méditer de nouveaux plans.

Notre perte dans les combats de Smolensk et de Valutina s'élevait à plus de 8,000 hommes; celle de l'ennemi était plus considérable sans doute; et cependant ce n'était point là une de ces victoires complètes qui peuvent amener la paix. Nous ne faisions pas un seul prisonnier; l'armée russe se retirait toujours dans le meilleur ordre et reprenait en arrière une autre position. Beaucoup d'entre nous crurent que l'empereur allait s'arrêter et établir de nouveau son armée entre la Dwina et le Dniéper, avec d'autant plus d'avantages que la prise de Smolensk le rendait maître des deux rives du Dniéper; le 10e corps pouvait encore prendre Riga avant la fin de la campagne, et en passant l'hiver dans cette position, l'armée réparait ses pertes, le gouvernement de la Lithuanie achevait de s'organiser, et cette province nous fournissait bientôt des troupes sur le dévouement desquelles nous pouvions compter. Ce plan eût peut-être été le plus sage, mais l'empereur, accoutumé à maîtriser les événements, ne pouvait s'en accommoder; il voulait une bataille, et il pensa qu'en poussant vivement les Russes sur la route de Moscou, il les forcerait tôt ou tard à livrer cette bataille décisive si longtemps attendue, et dont la conséquence devait être la paix. Cependant en marchant en avant on devait se résigner à tous les sacrifices; on devait s'attendre à voir les villages brûlés, les habitants dispersés, les grains, les bestiaux et les fourrages détruits ou enlevés. La manière dont les Russes avaient traité Smolensk prouvait qu'aucun sacrifice ne leur coûterait pour nous faire du mal et gêner nos opérations. Le roi de Naples, toujours à l'avant-garde, ne cessait de répéter que les troupes étaient épuisées, que les chevaux, qui ne mangeaient que la paille des toits, ne pouvaient plus résister à la fatigue, et qu'on risquerait de tout perdre en s'engageant plus avant; son avis ne prévalut point, et l'ordre fut donné de continuer la marche.

Le quartier général prit quelques jours de repos à Smolensk, si l'on peut appeler repos un séjour dans une pareille ville. Nous avions trouvé, en y entrant, l'incendie établi sur plusieurs points, les blessés russes périssant dans les flammes et les habitants fuyant leurs maisons; on vint à bout d'arrêter le feu, et les maisons que l'on sauvait de l'incendie étaient livrées au pillage. Au milieu de ce désordre, les habitants avaient disparu; mais en entrant dans l'église cathédrale, on les trouvait entassés les uns sur les autres, couverts de haillons et mourant de faim. L'empereur témoigna le plus grand mécontentement de ces excès; un soir, il fit battre la générale pour rassembler toute la garde, qui faisait la garnison; il assigna

un quartier à chaque régiment et donna des ordres
sévères pour faire cesser le pillage.

Avant son départ, il prit soin de l'administration
de ses nouvelles conquêtes; il nomma un gouverneur et un intendant de la province de Smolensk,
il y organisa un second grand dépôt, des magasins
de vivres et un hôpital.

L'armée marcha sur trois colonnes : le roi de
Naples commandait l'avant-garde; les 1er, 3e et
8e corps, la garde impériale et le quartier général le
suivaient sur la grande route.

Le 5e corps formait la colonne de droite, et le
4e celle de gauche; tous deux à une ou deux lieues
de la route.

La route de Smolensk à Moscou traverse de vastes
plaines, entrecoupées de quelques collines. On
trouve aussi des forêts aux environs de D'horogobuz
et de Viasma. Le pays est fort peuplé, les champs
cultivés avec soin; les villages bâtis en bois comme
dans le reste de la Russie. Les villes se distinguent
par leurs maisons de pierre et par leurs nombreux
clochers; quelquefois l'on rencontre des châteaux
magnifiques, surtout en approchant de Moscou. Il
est facile de s'apercevoir, sans consulter la carte,
que l'on vient de quitter la Pologne. Les juifs ont
disparu, et les paysans russes, aussi éloignés de la

liberté et de la civilisation que les paysans polonais, ne leur ressemblent cependant en aucune manière; les premiers sont grands et forts, les seconds chétifs et misérables; ceux-ci sont abrutis, ceux-là ne sont que sauvages. Dans une guerre ordinaire, ce pays pourrait offrir quelques ressources; mais à cette époque, l'armée russe, fidèle à son système, brûlait les maisons et détruisait tout sur la route; nous la suivions en achevant de ravager ce qui lui avait échappé. Il était impossible d'atteindre l'infanterie ennemie, l'avant-garde n'avait à combattre que leur cavalerie légère qui ne se défendait elle-même que pour laisser le temps à l'armée d'opérer tranquillement sa retraite. L'activité du roi de Naples était au-dessus de tout éloge, ainsi que sa bravoure. Jamais il ne quittait l'extrême avant-garde; c'était là qu'il dirigeait lui-même le feu des tirailleurs et qu'il restait exposé aux coups de l'ennemi, auquel sa toque et ses plumes blanches servaient de point de mire.

L'empereur, croyant chaque jour voir les Russes s'arrêter pour livrer bataille, se laissait ainsi entraîner sur la route de Moscou, sans consulter la fatigue des troupes et sans songer qu'il n'était déjà plus en communication avec les autres corps d'armée.

Le quartier-général fut le 25 à D'horogobuz; le

26 et le 27 à Stawkavoz, le 28 près Semlivo, le 29 à une lieue de Viasma, le 30 à Viasma, le 31 à Velicsevo, et le 1<sup>er</sup> septembre à Gyat, à 38 lieues de Moscou. Nous donnâmes des regrets particuliers à la petite ville de Viasma, dont les maisons étaient dévorées par les flammes. L'empereur, en la traversant, rencontra des soldats occupés à piller un magasin d'eau-de-vie qui brûlait. Cette vue le mit en fureur; il s'élança au milieu d'eux en les accablant d'injures et de coups de cravache. L'impossibilité d'atteindre l'armée russe et les ravages qu'elle commettait sur notre passage, contrariaient ses projets et lui donnaient une humeur dont ceux qui l'entouraient étaient souvent victimes. Il apprit enfin à Gyat que l'ennemi s'arrêtait pour lui livrer bataille; jamais nouvelle ne fut mieux reçue.

Le général Kutusow venait de succéder au général Barklay dans le commandement de l'armée russe; l'empereur Alexandre mettait toute son espérance dans ce nouveau général, et sa confiance était partagée par l'armée et par la nation. Pour la justifier, Kutusow résolut de livrer une bataille générale, et d'ailleurs l'approche de Moscou rendait ce parti nécessaire. L'empereur Alexandre s'était rendu dans cette ville au mois de juillet. Sa présence y avait causé le plus grand enthousiasme; les corps de la noblesse et des marchands réunis avaient unanimement voté d'immenses levées d'hommes et d'argent; on leur avait donné l'assurance positive que jamais l'ennemi n'entrerait à Moscou. Tout faisait donc un devoir au général russe de tenter le sort d'une bataille, avant de livrer la ville. Kutusow choisit la position de Borodino, derrière le ruisseau de Kologha, à cinq lieues en avant de Mojaisk et à vingt-cinq lieues de Moscou. L'empereur, en étant informé, prévint les généraux, et passa trois jours à Gyat pour faire ses dispositions. L'armée se remit en marche le 4, et repoussa l'avant-garde ennemie. Le 5 au matin, nous étions en présence.

Le général Kutusow avait réuni en ordre de bataille 100,000 hommes d'infanterie et 50,000 chevaux, en y comprenant les deux armées russes, augmentées par les renforts qu'il venait de recevoir et par la milice de Moscou.

Le ruisseau de Kologha couvrait sa droite, appuyée à la Moskowa, et défendue par de nombreuses batteries; le centre était placé derrière un ravin et protégé par trois fortes redoutes; la gauche en avant du bois que traverse la vieille route de Moscou, et fortifiée également par une redoute. Une autre redoute, construite à 1,200 toises devant le centre, servait, pour ainsi dire, d'avant-garde à cette position. L'empereur en ordonna l'attaque. Le 5 au matin, le général Compans du 1er corps l'enleva et s'y maintint après qu'elle eut été prise et reprise trois fois. Notre armée s'approcha alors, et campa vis-à-vis de la position des ennemis. L'empereur fit dresser ses tentes sur une hauteur, près de la route en arrière du village de Waloinéva. La garde impériale campait en carré autour de lui.

La journée du 6 fut employée à reconnaître la position de l'ennemi, et à placer les troupes en ordre de bataille. L'empereur résolut d'attaquer le centre et la gauche des Russes, en enlevant les redoutes élevées sur ces points. Il plaça, en conséquence, le 5e corps à la droite sur la vieille route; les 1er et 3e corps au centre, vis-à-vis les grandes redoutes, la cavalerie derrière eux, près la redoute qu'on avait prise la veille, la garde impériale en réserve; le 4e corps à l'extrème gauche, près du village de Boro-dino. Le total des présents ne dépassait pas 120,000 hommes. On assure que l'on proposa à l'empereur de manœuvrer sur sa droite pour tourner la gauche de l'ennemi et le forcer à quitter sa position; mais il voulait la bataille; il la croyait depuis long-temps nécessaire et il craignit de la laisser échapper.

Nous passâmes cette journée tout entière au quartier-général, et l'impression qu'elle nous fit n'est point sortie de ma mémoire. Il y avait quelque chose de triste et d'imposant dans l'aspect de ces deux armées qui se préparaient à s'égorger. Tous les régiments avaient reçu l'ordre de se mettre en grande tenue comme pour un jour de fête. La garde impériale surtout paraissait se disposer à une parade, plutôt qu'à un combat. Rien n'était plus frappant que le sang-froid de ces vieux soldats; on ne lisait sur leur figure ni inquiétude, ni enthousiasme. Une nouvelle bataille n'était à leurs yeux qu'une victoire de plus, et pour partager cette noble confiance, il suffisait de les regarder.

Dans la soirée, M. de Beausset, préfet du palais, arriva de Paris, et présenta à l'empereur un grand portrait de son fils; cette circonstance parut d'un favorable augure. Le colonel Fabvier le suivit de près; il venait d'Espagne et apportait la nouvelle de la perte de la bataille de Salamanque; c'était venir assez mal à propos.

Le 7, à deux heures du matin, les deux armées étaient sur pied; chacun attendait avec inquiétude le résultat de cette terrible journée. Des deux côtés, il fallait vaincre ou périr; ici, une défaite nous perdait sans ressource; là, elle livrait Moscou et détruisait la grande armée, seul espoir de la Russie. Aussi, de part et d'autre, on n'avait rien négligé pour enflammer l'ardeur des soldats ; chaque général parlait aux siens le langage qui convenait à leurs mœurs, à leurs idées , à leurs habitudes. Dans l'armée russe, des prêtres portant une image révérée, parcouraient les rangs ; les soldats recevaient à genoux leurs bénédictions, leurs exhortations et leurs vœux ; le général Kutusow rappelait aux soldats les sentiments de religion dont ils étaient pénétrés : *C'est dans cette croyance, s'écriait-il, que je veux moi-même combattre et vaincre. C'est dans cette croyance que je veux vaincre ou mourir, et que mes yeux mourants verront la victoire. Soldats, pensez à vos femmes et à vos enfants qui réclament votre protection ; pensez à votre empereur qui vous contemple, et avant que le soleil de demain n'ait disparu, vous aurez écrit votre foi et votre fidélité dans les champs de votre patrie, avec le sang de l'agresseur et de ses légions.* Dans l'armée française, les maréchaux, réunis à l'empereur près de la grande redoute, reçurent ses derniers ordres ; aux premiers rayons du jour, il s'écria : *Voilà le soleil d'Austerlitz !* On battit un ban dans chaque régiment, et les colonels lurent à haute voix la proclamation suivante : *Soldats, voilà la bataille que vous avez tant désirée, désormais la victoire dépend de vous ; elle nous est nécessaire ; elle nous donnera l'abondance, de bons quartiers d'hiver, et un prompt retour dans la patrie. Conduisez-vous comme à Austerlitz, à Friedland, à Witepsk, à Smolensk, et que la postérité la plus reculée cite votre conduite dans cette journée ; que l'on dise de vous : Il était à cette grande bataille sous les murs de Moscou !* Les soldats répondirent par des acclamations ; un coup de canon fut tiré, et l'affaire commença.

Au même signal la garde impériale et les officiers d'état-major partirent du camp ; nous nous réunîmes tout près de la redoute qu'on avait prise la veille, et devant laquelle l'empereur s'était établi. L'attaque devint générale sur toute la ligne, et, pour la première fois, l'empereur n'y prit personnellement aucune part : il resta constamment à un quart de lieue du champ de bataille, recevant les rapports de tous les généraux et donnant ses ordres aussi bien qu'on peut les donner de loin. Jamais on ne vit plus d'acharnement que dans cette journée ; à peine manœuvra-t-on ; on s'attaqua de front avec fureur. Les 1$^{er}$ et 3$^e$ corps enlevèrent deux fois les deux redoutes de gauche, la grande redoute de droite fut prise par un régiment de cuirassiers, reprise par l'ennemi, enlevée de nouveau par la 1$^{re}$ division du 1$^{er}$ corps, détachée auprès du vice-roi. Le 4$^e$ corps emporta le village de Borodino, et soutint un mouvement que fit la droite de l'armée russe pour tourner la position. Je fus envoyé en ce moment auprès du vice-roi, que je trouvai au centre de ses troupes , et je fus témoin de la valeur avec laquelle il repoussa cette attaque. Chaque officier qui revenait du champ de bataille apportait la nouvelle d'une action héroïque. Déjà sur toute la ligne, nous étions vainqueurs ; les Russes, repoussés de toutes leurs positions, et cherchant en vain à les reprendre, restaient pendant des heures entières écrasés sous le feu de notre artillerie ; à deux heures ils ne combattaient plus que pour la retraite. On dit que le maréchal Ney demanda alors à l'empereur de faire au moins avancer la jeune garde, pour compléter la victoire ; il s'y refusa, ne voulant, a-t-il dit depuis , rien donner au hasard. Le général Kutusow se retira dans la soirée. Nos troupes, accablées de lassitude, purent à peine le poursuivre. Les corps d'armée bivouaquèrent sur le terrain.

La perte fut excessive de part et d'autre [1] : elle peut être évaluée à 28,000 Français et 50,000 Russes. Je citerai parmi les morts du côté de l'ennemi le prince Eugène de Wirtemberg et le prince Bagration ;

---

[1] Voici le détail exact des pertes de l'armée française : 10 généraux tués, 39 blessés, total 49 ; 10 colonels tués, 27 blessés , total 37 ; 6,547 officiers et soldats tués, et 21,453 blessés, total 28,000. Pendant la journée, l'armée française a tiré 60,000 coups de canon et brûlé 1,400,000 cartouches.

du nôtre, le général Montbrun, commandant un corps de cavalerie, et le général Caulaincourt, frère du duc de Vicence et aide-de-camp de l'empereur. Ce dernier fut vivement regretté au quartier-général, où il était fort aimé. Il avait été chargé de remplacer le général Montbrun, et il fut tué dans la grande redoute. Un grand nombre d'officiers de tous grades resta sur le champ de bataille.

Le lendemain matin, le 5e corps manœuvra par la droite pour se porter sur Moscou par la vieille route. Le général Kutusow, craignant d'être coupé, décida sa retraite entière.

L'empereur parcourut avec nous le champ de bataille; il était horrible et littéralement couvert de morts; on y voyait réunis tous les genres de blessures et toutes les souffrances, les morts et les blessés russes cependant en bien plus grand nombre que les nôtres. L'empereur visita les blessés, leur fit donner à boire et recommanda qu'on en prît soin. Le même jour l'armée continua son mouvement toujours sur trois colonnes dans la direction de Moscou. La prise de cette capitale devait compléter la victoire, et c'était là que l'empereur s'attendait à signer la paix. L'avant-garde russe défendit quelque temps Mojaisk pour laisser le temps de l'incendier. Le quartier-général s'y établit le 10.

Ce fut alors que le prince de Neuchâtel me proposa de demander à l'empereur de me nommer colonel du 4ᵉ régiment de ligne, en remplacement du colonel Massy, tué à la bataille. Je reçus cette proposition avec reconnaissance, et ayant été nommé le lendemain, je partis de Mojaisk pour rejoindre mon nouveau régiment.

Je termine ici la première partie de mon récit; dans la seconde, je n'écrirai plus que l'histoire du 4ᵉ régiment et celle du 3ᵉ corps dont ce régiment faisait partie; je dirai un mot cependant des opérations du reste de l'armée, afin qu'on ne perde point de vue l'ensemble de ce grand mouvement, et qu'on puisse juger quelle part le 3ᵉ corps y a prise.

# DEUXIÈME PARTIE

## CHAPITRE I<sup>er</sup>

Situation du 3<sup>e</sup> corps et en particulier du 4<sup>e</sup> régiment. — Marche de Mojaisk à Moscou. — Incendie de la ville. — Le 3<sup>e</sup> corps placé sur les routes de Wladimir et Twer. — Le 3<sup>e</sup> corps rentre dans Moscou et occupe les faubourgs de ce côté. — Manœuvre des Russes. — Le 3<sup>e</sup> corps à Boghorodsk. — Retour à Moscou. — Revue du 18 octobre. — Ordre de départ.

Je partis de Mojaisk le 12 au matin, et j'arrivai le soir même au quartier-général du maréchal Ney, dans un village près de Koubinskoé. Les régiments du 3<sup>e</sup> corps bivouaquaient autour du village. Le maréchal m'accueillit avec toute son ancienne bonté ; j'avais servi auprès de lui quelques années auparavant, et je considérai comme une double faveur, en cette circonstance, l'emploi qui me replaçait sous ses ordres. Je fus reçu le lendemain matin à la tête de mon régiment par le général d'Hénin, commandant la brigade.

Voici la composition du 3e corps :

Le Maréchal NEY, Général en chef.
Le Général GOURÉ, Chef d'état-major.

| GÉNÉRAUX DE DIVISION. | GÉNÉRAUX DE BRIGADE. | RÉGIMENTS. | COLONELS. |
|---|---|---|---|
| 1re Division. Ledru des Essarts. | Gengoult. Lenchantin. Bruni. | 24e léger. 46e de ligne. 72e id. | Debellier. Bru. » |
| 2e Division. Razout. | Joubert. d'Hénin. | 4e de ligne. 18e id 93e id. | Fezensac. Pelleport. Baudouin. |
| 2 Brigades de cavalerie légère. | Beurmann. Valmabelle. | » » | » » |
| Artillerie. | Fouchet. | » | » |

Une troisième division d'infanterie composée de Wurtembourgeois, sous les ordres du général Marchand, était réduite à 1,000 hommes. Le prince de Wurtemberg la commandait au commencement de la campagne. L'empereur lui fit des reproches très-sévères sur les désordres que commettaient ses troupes, désordres fort exagérés par les Français. Le prince de Wurtemberg voulut établir une discipline plus rigoureuse ; mais comme on ne pouvait vivre que de maraude, les soldats mourant de faim se dispersèrent. Le prince lui-même, malade et mécontent, quitta l'armée.

Le 4ᶜ de ligne, formé dès les premières années de la révolution, avait fait toutes les campagnes d'Allelemagne et comptait Joseph Bonaparte au nombre de ses colonels. A l'époque où je pris le commandement du régiment, on pouvait partager les officiers en trois classes : la première, formée d'élèves nouvellement sortis de l'École Militaire, ayant du zèle, de l'instruction, mais manquant d'expérience et dont la santé à peine formée ne pouvait déjà plus supporter les fatigues excessives de cette campagne ; la seconde classe, au contraire, composée d'anciens sous-officiers, que leur manque total d'éducation aurait dû empêcher d'aller plus loin, mais qu'on avait nommés pour entretenir l'émulation et pour remplacer les pertes énormes que causaient des campagnes aussi meurtrières ; d'ailleurs excellents soldats, endurcis aux fatigues et sachant tout ce que peut apprendre l'habitude de la guerre dans les grades inférieurs. La troisième classe tenait le milieu entre les deux premières ; elle se composait d'officiers instruits, dans la force de l'âge, formés par l'expérience et ayant tous la noble ambition de se distinguer et de faire leur chemin. Cette classe était malheureusement la moins nombreuse.

Le général Ledru avait été longtemps colonel, et connaissait parfaitement les détails du service en paix comme en guerre. Le général Razout, ancien militaire, avait la vue tellement basse, que, ne distinguant rien auprès de lui, il devait s'en rapporter à ceux qui l'entouraient ; et ses dispositions sur le terrain se ressentaient nécessairement de l'incertitude perpétuelle à laquelle il était livré. Parmi les généraux de brigade, je citerai le général Joubert, officier d'un mérite ordinaire, et le général d'Hénin, à qui une longue captivité en Angleterre avait fait un peu perdre l'usage de la guerre. Les colonels étaient pour la plupart d'excellents militaires. M. Pelleport, engagé volontaire au 18e, avait fait tout son avancement dans ce même régiment, qu'il commandait alors avec une rare distinction.

Mais le grand avantage du 5e corps était d'être commandé par le maréchal Ney, dont j'aurai occasion de faire remarquer souvent l'audace, la constance et l'admirable présence d'esprit.

Je fus frappé dès le premier jour de l'épuisement des troupes et de leur faiblesse numérique. Au grand quartier-général on ne jugeait que les résultats, sans penser à ce qu'ils coûtaient, et l'on n'avait aucune idée de la situation de l'armée; mais en prenant le commandement d'un régiment, il fallut entrer dans tous les détails que j'ignorais et connaître la profondeur du mal. Le 4e régiment était réduit à 900 hommes de 2,800 qui avaient passé le Rhin ; aussi les quatre bataillons n'en formaient plus que deux sur le terrain, et chaque compagnie avait un double cadre en officiers et sous-officiers. Toutes les parties de l'habillement et surtout la chaussure étaient en mauvais état; nous avions alors encore assez de farine et quelques troupeaux de bœufs et de moutons; mais ces ressources devaient bientôt s'épuiser; pour les renouveler, il fallait changer sans cesse de place, puisque nous ravagions en 24 heures les pays que nous traversions.

Ce que je dis ici de mon régiment s'applique à tous ceux du 5e corps et particulièrement à la division wurtembourgeoise, qui était presque détruite ; ainsi l'on peut assurer qu'il ne restait pas 8,000 combattants dans un corps d'armée de 25,000 hommes. On remarquait l'absence de beaucoup d'officiers blessés aux dernières affaires, entre autres des colonels des 46e, 72e et 93e. Jamais nous n'avions éprouvé de pertes aussi considérables; jamais aussi le moral de l'armée n'avait été si fortement atteint. Je ne retrouvais plus l'ancienne gaieté des soldats ;

un morne silence succédait aux chansons et aux histoires plaisantes qui leur faisaient oublier autrefois la fatigue des longues marches. Les officiers eux-mêmes paraissaient inquiets ; ils ne servaient plus que par devoir et par honneur. Cet abattement, naturel dans une armée vaincue, était remarquable après une affaire décisive, après une victoire qui nous ouvrait les portes de Moscou.

La marche continua sur trois colonnes comme avant la bataille ; le roi de Naples à l'avant-garde avec la cavalerie, puis les 1er et 5e corps, la garde impériale et le quartier général ; sur la droite le 5e corps ; sur la gauche le 4e. On marchait avec beaucoup d'ordre, les généraux et les officiers toujours à la tête de leurs troupes. Le général Kutusow, ne croyant plus pouvoir défendre Moscou, repliait successivement son avant-garde et se retirait par les routes de Twer et de Wladimir, en découvrant la ville. L'armée française bivouaqua le 13 à Perkousch-kovo ; le lendemain l'avant-garde entra dans Moscou. Une troupe d'habitants armés tenta un moment de défendre le Kremlin et fut bientôt dispersée ; l'avant-garde se porta en avant de la ville ; l'empereur s'établit au Kremlin avec la garde ; les 1er et 5e corps campèrent à un quart de lieue en arrière de Moscou, avec défense expresse d'y entrer. Ce ne fut donc

que de loin que nous aperçûmes alors cette antique
capitale que nous venions de conquérir. Cependant
nous admirâmes son immense étendue, ses dômes
de mille couleurs et l'incroyable variété qui distinguait ses nombreux édifices. Ce jour fut un des plus
heureux pour nous, puisqu'il devait être le terme de
nos travaux, puisque la victoire de la Moscowa et la
prise de Moscou devaient amener la paix. Mais au
moment même un événement sans exemple dans
l'histoire du monde vint détruire ces flatteuses espérances, et montrer combien il fallait peu compter
sur un accommodement avec les Russes. Moscou,
qu'ils n'avaient pu défendre, fut brûlé de leurs propres mains. Depuis longtemps on s'occupait de pré-
parer ce vaste incendie ; le gouverneur Rostopchin
avait réuni une immense quantité de matières com-
bustibles et de fusées incendiaires, sous prétexte de
travailler à la construction d'un ballon avec lequel
on devait brûler l'armée française, tandis que ses pro-
clamations, d'accord avec celles du général Kutusow,
rassuraient le peuple de Moscou, en changeant en
victoire les défaites de l'armée Russe. A Smolensk,
les Français avaient été battus ; à la Moscowa, ils
avaient été détruits. Si l'armée russe se retirait,
c'était pour prendre une meilleure position et marcher au devant de ses renforts. Cependant les nobles

partaient de Moscou, ainsi que les archives et les trésors du Kremlin; et lorsque l'armée russe fut aux
portes de la ville, il devint impossible de cacher la
vérité. Beaucoup d'habitants prirent la fuite ; d'autres restèrent chez eux, pleins de confiance dans
l'intérêt que les Français devaient mettre à conserver Moscou. Le 14 au matin, le gouverneur rassem-
bla 3 ou 4,000 hommes de la lie du peuple, parmi lesquels se trouvaient des criminels auxquels on donna
la liberté ; on leur distribua des mèches et des fusées
incendiaires , et les agents de police reçurent l'ordre
de les conduire dans toute la ville. Les pompes furent brisées, et le départ des autorités civiles qui suivirent l'armée, devint le signal de l'incendie ; l'avant-
garde, en traversant la ville, la trouva presque déserte;
les habitants, renfermés dans leurs maisons, attendaient ce que nous allions ordonner de leur sort ;
mais à peine l'empereur s'établissait au Kremlin,
que le Bazar, immense bâtiment qui contenait plus
de 10,000 boutiques, était livré au flammes. Le lendemain et jours suivants, le feu fut mis à la fois
dans tous les quartiers. Un vent violent favorisait
les progrès de l'incendie, et il était impossible de les
arrêter, puisqu'on avait eu la cruelle précaution de
détruire les pompes. Les incendiaires surpris en fla-
grant délit étaient fusillés sur-le-champ. Ils décla-

raient qu'ils avaient exécuté les ordres du gouverneur, et mouraient avec résignation. Les maisons furent livrées au pillage avec d'autant moins de scrupule
que tout ce qu'on enlevait allait être consumé par les
flammes ; mais ce pillage fut accompagné de tous
les excès qu'il entraîne à sa suite. Ce déluge de feux,
que nous apercevions de notre camp, nous causa de
vives alarmes, et je me décidai à aller savoir des nouvelles au quartier-général. J'entrai seul dans la ville,
et bientôt les flammes me fermèrent le chemin du
Kremlin. Cependant ni ce danger ni celui de la chute
des maisons, ne pouvait ralentir l'ardeur du pillage ;
les habitants, chassés de leurs maisons par nos soldats autant que par l'incendie, erraient dans les rues ;
les uns se livraient à un affreux désespoir, d'autres
témoignaient une morne résignation. Je rentrai au
camp vivement affligé de ce spectacle, et décidé à
donner tous mes soins à mon régiment en détour-
nant la vue de malheurs que je ne pouvais soulager.
Trois jours se passèrent en détails d'inspections ;
tous les officiers me furent présentés individuellement;
je pris des renseignements sur la conduite et l'instruction de chacun. J'examinai aussi, autant que la situation pouvait le permettre, ce qui était relatif à
l'instruction et à l'administration du régiment. La
lueur de l'incendie de Moscou éclairait ces opérations.

On avait défendu d'entrer dans la ville; mais le pillage avait commencé, et comme c'était la seule ressource, il était clair que les derniers venus mourraient de faim. Je convins donc avec le colonel du 18e que nous permettrions tacitement à nos soldats d'aller en prendre leur part; au reste, ce n'était qu'avec beaucoup de peine qu'ils pouvaient se procurer quelque chose. Il fallait en revenant traverser le camp du 1er corps placé devant nous, et se battre avec leurs soldats ou avec ceux de la garde impériale qui voulaient tout enlever. Personne n'a moins profité que nous du pillage de cette ville. Au bout de six jours, le feu s'éteignit faute d'aliments ; les neuf dixièmes de la ville n'existaient plus; et l'empereur, qui s'était retiré au château de Pétrofski pendant l'incendie, revint au Kremlin attendre les propositions de paix sur lesquelles il comptait encore.

Cependant, bien loin de se laisser décourager par la prise de Moscou, l'empereur Alexandre n'y vit qu'un motif de continuer la guerre avec plus d'ardeur.

Le général Kutusow, pensant avec raison qu'en partant de Moscou nous nous dirigerions vers les provinces du sud, quitta la route de Wladimir, et tournant autour de Moscou, se porta sur les routes de Kaluga et de Tula. Cette marche, éclairée par l'incendie de Moscou, porta au comble l'exaspération de l'armée russe. Kutusow se plaça derrière la Nara, à vingt-cinq lieues de Moscou, et fortifia de redoutes cette nouvelle position, couvrant ainsi les routes de Kaluga et de Tula. Pour pénétrer dans les provinces du sud, il fallait donc livrer une seconde bataille. En attendant, l'armée russe réparait ses pertes par de nouvelles levées, organisait son matériel et reprenait un nouveau courage avec de nouvelles forces. Au milieu de ces préparatifs on ne parlait que de paix aux avant-postes, et de feintes ouvertures de négociations entretenaient Napoléon dans l'espérance de la conclure. Le roi de Naples se porta sur Kaluga avec l'avant-garde, vis-à-vis le camp retranché des Russes, et le 5ᵉ corps fut chargé de le remplacer au nord sur les routes de Twer et Wladimir, où l'ennemi avait laissé un corps d'observation.

Je traversai pour la première fois les ruines de Moscou à la tête de mon régiment. C'était un spectacle à la fois bien horrible et bien bizarre. Quelques maisons paraissaient avoir été rasées ; d'autres conservaient quelques pans de murailles noircis par la fumée ; des débris de toute espèce encombraient les rues ; une affreuse odeur de brûlé s'exhalait de tous côtés. De temps en temps une chaumière, une église, un palais paraissaient debout au milieu de

ce grand désastre. Les églises surtout, par leurs dômes
de mille couleurs, par la richesse et la variété de
leurs constructions, rappelaient l'ancienne opulence
de Moscou. La plupart des habitants, chassés par
nos soldats des maisons que le feu avait épargnées,
s'y étaient réfugiés. Ces infortunés, errant comme
des spectres au milieu des ruines et couverts de
haillons, avaient recours aux plus tristes expé-
dients pour prolonger leur misérable existence. Tantôt ils dévoraient au milieu des jardins quelques
légumes qu'on y trouvait encore, tantôt ils arrachaient des lambeaux de la chair d'animaux morts
au milieu des rues; on en vit même plonger dans la
rivière et en retirer du blé que les Russes y avaient
jeté et qui était en fermentation. Pendant notre
marche, le bruit des tambours, le son de la musique
militaire rendaient ce spectacle encore plus triste
en rappelant l'idée d'un triomphe au milieu de l'image
de la destruction, de la misère et de la mort. Après
avoir traversé en totalité cette ville immense, nous
cantonnâmes dans les villages sur la route de Jaros-
lawl et Wladimir. Je logeai au château de Kouskowa
appartenant au comte de Cheremetew, homme d'une
fortune prodigieuse. Cette charmante habitation avait
été pilléecomme tout le reste. Après avoir consommé
le peu de ressources qu'offrait ce pays, nous ren-

trâmes dans Moscou, et nous logeâmes dans le faubourg Wladimir. Ce faubourg, situé au nord de Moscou, est traversé par la petite rivière de la Jaouza, qui se jette dans la Moscowa au milieu de la ville. La plupart des maisons sont séparées par des enclos cultivés ou par des jardins ; quelques palais s'y font remarquer comme dans les autres quartiers ; le reste est bâti en bois. Comme presque tout était brûlé, il fallait loger les compagnies à de grandes distances les unes des autres, malgré les inconvénients qui en résultaient pour le service, et surtout pour la police et la discipline. Je logeais au centre de mon régiment avec les officiers supérieurs, dans une grande maison en pierres assez bien conservée. Quarante habitants du voisinage s'étaient réfugiés dans une grande salle de cette maison. J'ordonnai qu'on les protégeât, et qu'on adoucît leur misère autant qu'il dépendait de nous ; mais que pouvions-nous faire pour eux ? nous étions près de manquer de tout nous-mêmes. C'était avec peine que l'on se procurait du pain noir et de la bière ; la viande commençait à devenir très-rare ; il fallait envoyer de forts détachements prendre des bœufs dans les bois où s'étaient réfugiés les paysans, et souvent les détachements rentraient le soir sans rien ramener. Telle était la prétendue abondance que nous procurait le pillage de cette ville. On avait des liqueurs , du sucre , des confitures, et l'on manquait de viande et de pain. On se couvrait de fourrures , et l'on n'avait bientôt plus ni habits ni souliers. Enfin, avec des diamants, des pierreries et tous les objets de luxe imaginables on était à la veille de mourir de faim. Un grand nombre de soldats russes erraient dans les rues de Moscou. J'en fis arrêter cinquante, que l'on conduisit à l'état-major. Un général , à qui j'en rendis compte, me dit que j'aurais pu les faire fusiller, et qu'il m'y autorisait parfaitement à l'avenir. Je n'ai point abusé de sa confiance.

On comprendra sans peine combien de malheurs et de désordres de tous genres signalèrent notre séjour à Moscou. Chaque officier, chaque soldat pourrait raconter à cet égard de singulières anecdotes. Une des plus frappantes est celle d'un Russe qu'un officier français trouva caché dans les ruines d'une maison ; il lui fit entendre par signes qu'il le protégerait, et l'emmena en effet avec lui. Bientôt, étant obligé de porter un ordre et voyant passer un autre officier à la tête d'un peloton, il lui remit ce particulier en lui disant vivement : *Je vous recommande monsieur.* Cet officier, se méprenant sur le sens de ce mot et sur le ton dont il était prononcé, prit ce malheureux pour un incendiaire et le fit fusiller.

Au commencement de l'incendie, un très-jeune homme, Allemand de nation et étudiant en médecine, vint se réfugier à mon bivouac; il était presque nu et paraissait avoir perdu la tête. Je l'accueillis, et le gardai dans mon logement pendant près de trois semaines; il paraissait reconnaissant, mais rien ne pouvait le guérir de sa terreur. Je lui fis un jour la plaisanterie de lui proposer de s'enrôler dans mon régiment; le même soir il disparut, et je ne le revis plus. (Note B.)

L'armée russe cependant se fortifiait tous les jours sur les bords de la Nara. Les corps de partisans répandus autour de Moscou devenaient plus entreprenants. La ville de Véréya fut surprise, la garnison massacrée. Les détachements et convois qui venaient joindre l'armée, les blessés et malades que l'on transportait en arrière étaient enlevés sur la route de Smolensk; les Cosaques attaquaient nos fourrageurs presque aux portes de Moscou; les paysans massacraient les maraudeurs isolés. Le roi de Naples, dont la cavalerie était presque entièrement détruite et réduite depuis longtemps à manger du cheval, demandait tous les jours qu'on fît la paix ou qu'on se retirât. Mais l'empereur ne voulait rien voir ni rien entendre; en réponse à leurs réclamations, les généraux recevaient de l'état-major les ordres les plus extraordinaires. Tantôt il fallait rétablir l'ordre dans Moscou et protéger les paysans qui apporteraient des vivres au marché, tandis que tous les environs étaient ravagés et les paysans armés contre nous ; tantôt il s'agissait d'acheter 10,000 chevaux, dans un pays où il n'y avait plus ni chevaux ni habitants ; on annonçait ensuite le projet de passer l'hiver dans une ville ravagée, où nous mourions de faim au mois d'octobre ; puis venait l'ordre de faire confectionner des souliers et des vêtements d'hiver dans chaque régiment ; et quand les colonels disaient que nous manquions de draps et de cuirs, on répondait qu'il n'y avait qu'à chercher pour en trouver de reste. En même temps, et comme pour rendre cet ordre plus inexécutable encore, on défendit sévèrement le pillage, et la garde impériale fut consignée au Kremlin. On nomma un gouverneur, un intendant, des administrations. Un mois entier cependant s'écoula sans que notre situation fût améliorée en rien.

Vers le 10 octobre, une division du 4e corps fit un mouvement sur Dmitrow, route de Twer. Le maréchal Ney, pendant ce temps, s'empara de Boghorodsk, à douze lieues de Moscou, sur la route de Wladimir. On passa quelques jours à construire autour de cette petite ville des baraques pour y passer l'hiver. Cette simagrée était bien inutile ; elle n'en imposa ni à l'ennemi ni à nos soldats. Je n'allai point à Boghorodsk. Je faisais alors partie d'une expédition commandée par le général Marchand , sur les bords de la Kliasma , entre la route de Wladimir et celle de Twer. Une partie de mon régiment m'accompagnait ; le reste avait suivi le maréchal Ney. L'ennemi, fidèle à son système , se retirait à notre approche. Le général Marchand fit construire un blockhaus sur le bord de Kliasma , à un endroit où un poste avait été enlevé par un régiment de Cosaques. Le commandement de ce petit fort venait d'être donné à un officier fort intelligent , lorsque tout à coup le général Marchand reçut l'ordre de rentrer avec tout son détachement. Il fut facile alors de juger que l'armée allait quitter Moscou , puisque l'on cessait d'en défendre les approches.

Pendant le cours de cette expédition je trouvai partout la même misère. Les généraux recueillirent quelques provisions ; mais les ressources étaient nulles pour l'armée. Les paysans cachaient leurs vivres, et n'osaient pas les apporter même quand on leur promettait de les payer. Un soldat de mon régiment , fils d'un cultivateur de la Côte-d'Or , mourut à côté de moi , près d'un feu de bivouac. Ce jeune homme languissait depuis longtemps ; une fièvre lente causée par la fatigue et la mauvaise nourriture le consumait. Il mourut d'épuisement, et je le fis enterrer au pied d'un arbre, quand on se fut bien assuré de sa mort. Nous trouvâmes dans son sac des lettres de sa mère, fort touchantes par leur simplicité. Je donnai des regrets sincères à ce malheureux, condamné à mourir loin de sa patrie et d'une famille dont il aurait peut-être fait le bonheur. De semblables malheurs étaient communs parmi nous ; et je ne rapporte ici cette mort dont je fus témoin, que parce que ce triste spectacle fut comme le présage de toutes les calamités qui allaient fondre sur nous. Le détachement rentra à Moscou le 15.

Deux jours s'écoulèrent sans entendre parler de départ. Le 18, l'empereur passa la revue du 5e corps dans la cour du Kremlin. Cette revue fut aussi belle que les circonstances le permettaient. Les colonels rivalisèrent de zèle pour présenter leurs régiments en bon état. Personne, en les voyant, n'aurait pu s'imaginer combien les soldats avaient souffert et combien ils souffraient encore. Je suis persuadé que la belle tenue de notre armée au milieu des plus grandes misères a contribué à l'obstination de l'empereur, en lui persuadant qu'avec de pareils hommes rien n'était impossible. Tout le 5e corps présent ne s'élevait pas à 10,000 hommes. Pendant cette revue M. de Bérenger, aide-de camp du roi de Naples, apporta à l'empereur la nouvelle de l'affaire de Winkowo, où nos troupes avaient été surprises et vivement repoussées la veille. Cette affaire mettait fin à une espèce d'armistice qui existait aux avant-postes ; elle achevait de détruire toute espèce d'accommodement, et devait hâter notre départ. La préoccupation de l'empereur se peignait sur sa figure ; il précipita la revue, et pourtant il nomma à tous les emplois vacants, et accorda beaucoup de décorations. Il avait plus que jamais besoin d'employer tous les moyens qu'il savait si bien mettre en usage pour obtenir de son armée des efforts surnaturels. Je profitai de ses bonnes dispositions pour récompenser ceux des officiers de mon régiment dont j'avais déjà éprouvé le zèle ; beaucoup d'entre eux furent avancés [1]. Le général qui commandait la division wurtembourgeoise, sous les ordres du général Marchand, reçut le titre de comte de l'empire, avec une dotation de 20,000 fr.: faible récompense pour les souffrances de 12,000 hommes, que les fatigues et les privations avaient réduits à 800.

La revue finissait à peine, lorsque les colonels reçurent l'ordre de partir le lendemain. Rentré dans

---

[1] M. d'Arcine, adjudant-major, fut nommé chef de bataillon. Il a depuis fait partie de l'expédition d'Alger, en 1830, comme maréchal de camp.

mon logement, j'ordonnai les préparatifs, en char-
geant sur des charrettes tout ce qui nous restait de
vivres. Je laissai dans ma maison la farine que je ne
pus emporter; on m'avait conseillé de la détruire;
mais je ne pus me résoudre à en priver les malheureux habitants, et je la leur donnai de bon
cœur, en dédommagement du mal que nous avions
été forcés de leur faire. Je reçus leurs bénédictions
avec attendrissement et reconnaissance ; peut-être
m'ont-elles porté bonheur.

## CHAPITRE II

RETRAITE DE MOSCOU A VIASMA.

Projets de l'empereur. — Départ de Moscou. — Marche du 3ᵉ corps jusqu'à Bowrosk. — Opérations des autres corps d'armée. — Combat de Malojaroslavets. — La retraite est décidée par la grande route de Smolensk. — Marche de Bowrosk à Mojaisk. — De Mojaisk à Viasma. — Situation de l'armée. — Affaire de Viasma.

---

L'empereur, ayant perdu tout espoir de paix, ne pouvait plus songer qu'à la retraite. Il fallait repasser la Dwina et le Dniéper, se remettre en communication sur la gauche avec les 2ᵉ et 6ᵉ corps, et sur la droite avec le 7ᵉ et les Autrichiens, qui défendaient le grand-duché de Varsovie. La route de Smolensk, entièrement ravagée, n'offrait plus aucune ressource; on résolut de prendre la direction de Kaluga, et de tourner, par la route de Bowrosk et Malojaroslavets, la position du camp retranché de l'ennemi. Ainsi l'imprudence de notre long séjour à Moscou pouvait se réparer. La victoire allait nous ouvrir la route des provinces du sud, ou du moins nous permettre de nous retirer sur Mohilow, par Roslawl, ou sur Smolensk, par Médyn et Elnïa, en traversant des pays que la guerre avait épargnés.

Déjà le 4e corps occupait Fominskoe, sur la vieille route de Kaluga : il faisait l'avant-garde et devait porter les premiers coups. Cependant, au moment de son départ, l'empereur voulut laisser à Moscou des traces de sa vengeance, en achevant de détruire ce qui avait échappé au désespoir des Russes. Le maréchal Mortier fut chargé d'y rester quelques jours avec la jeune garde, pour protéger la marche des autres corps d'armée contre les détachements ennemis placés sur la route du nord. Il devait, en même temps, faire sauter le Kremlin, et mettre le feu à tout ce qui existait encore. Ainsi acheva de s'anéantir cette malheureuse ville, incendiée par ses propres enfants, ravagée et détruite par ses vainqueurs. La manière avec laquelle le maréchal adoucit cet ordre rigoureux, les soins qu'il prit des blessés et des malades, au milieu de ces affreux ravages, honorent son cœur autant que son caractère.

Dans la nuit du 18 octobre, les équipages du 3e corps se rendirent au couvent de Seminof, lieu de rassemblement. Jamais nous n'avions traîné autant de voitures à notre suite. Chaque compagnie avait au moins une charrette ou un traîneau pour porter ses vivres; la nuit fut à peine suffisante pour les charger et les mettre en ordre. Une heure avant le jour, toutes les compagnies se réunirent devant mon logement, et nous partîmes. Cette marche avait quelque chose de lugubre; les ténèbres de la nuit, le silence de la marche, les ruines encore fumantes que nous foulions sous nos pieds, tout semblait se réunir pour frapper l'imagination de tristesse. Aussi, chacun de nous voyait avec inquiétude commencer cette mémorable retraite; les soldats eux-mêmes sentaient vivement l'embarras de notre situation; ils étaient doués de cette intelligence et de cet admirable instinct qui distingue les soldats français, et qui, en faisant mesurer toute l'étendue du danger, semble aussi redoubler le courage nécessaire pour le braver.

Le couvent de Seminof, situé près de la barrière de Kaluga, était en flammes quand nous y arrivâmes. On brûlait les vivres que l'on ne pouvait emporter; et par une négligence bien digne de ce temps-là, les colonels n'avaient point été prévenus. Il restait de la place dans plusieurs fourgons, et nous vîmes brûler sous nos yeux des provisions qui nous auraient peut-être sauvé la vie.

Le 3e corps étant réuni se mit en marche par la nouvelle route de Kaluga, ainsi que le 1er corps et la garde impériale. Mon régiment était à cette époque de 1,100 hommes, et le 3e corps ne s'élevait pas à plus de 11,000. Je pense que l'on peut évaluer en tout à 100,000 hommes la force de l'armée sortie de Moscou.

Rien n'était plus curieux que la marche de cette armée, et les longues plaines que l'on trouve en quittant Moscou, permettaient de l'observer dans tous ses détails. Nous traînions à notre suite tout ce qui avait échappé à l'incendie de la ville. Les voitures les plus élégantes et les plus magnifiques étaient pêle-mêle avec les fourgons, les drouskis et les charrettes qui portaient les vivres. Ces voitures, marchant sur plusieurs rangs dans les larges routes de la Russie, présentaient l'aspect d'une immense caravane. Parvenu au haut d'une colline, je contemplai longtemps ce spectacle qui rappelait les guerres des conquérants de l'Asie; la plaine était couverte de ces immenses bagages, et les clochers de Moscou, à l'horizon, terminaient le tableau. On nous fit faire halte en ce lieu, comme pour nous laisser contempler une dernière fois les ruines de cette antique ville, qui bientôt acheva de disparaître à nos regards.

Le 3e corps arriva en deux jours de marche à Tschirkovo, et y prit position en gardant l'embranchement des routes de Podol et de Fominskoe, tandis que le 1<sup>er</sup> corps et la garde se portaient successivement, par une marche de flanc, sur la vieille route de Kaluga, pour soutenir le 4<sup>e</sup>. Le 3<sup>e</sup> corps, destiné à suivre ce mouvement le dernier, resta trois jours en position à Tschirkovo, et en partit le 23 à minuit. Cette marche de nuit fut affreuse, la pluie tombait par torrents, les chemins de traverse que nous suivions étaient entièrement défoncés. Nous n'arrivâmes à Bowrosk que le 26 au soir. Dans cette marche, nous fûmes sans cesse harcelés par les Cosaques, qui n'osaient cependant rien entreprendre de sérieux contre nous. Je mettais tous mes soins à maintenir dans mon régiment l'ordre, la discipline et l'exactitude du service; je n'eus que des éloges à donner aux officiers comme aux soldats. Un seul sergent, bon sujet d'ailleurs, ayant mis de la négligence dans le commandement d'un poste avancé qui lui était confié, j'ordonnai qu'il fût cassé malgré les prières de son capitaine. Les généraux Girardin et Beurmann flanquaient notre marche avec la cavalerie légère. Ils avaient reçu l'ordre de mettre le feu à tous les villages.

Nous rejoignîmes le grand quartier-général à Bowrosk; ce fut là que nous apprîmes les derniers événements. Le général Kutusow, instruit de la marche de l'armée française par la vieille route de Kaluga, avait quitté son camp de Taroutino ; une marche de flanc parallèle à la nôtre le conduisit à Malojaroslavets, où il rencontra et attaqua le 4e corps. Dans ce brillant combat, l'avantage demeura aux Français malgré l'infériorité du nombre ; mais Kutusow avait pris à six lieues en arrière une position défendue par des redoutes ; déjà une de ses divisions cherchait à déborder notre droite par la route de Medyn. Il fallait donc livrer bataille ou se retirer. La situation était grave, l'instant décisif. Le maréchal Bessières et d'autres généraux furent d'avis de la retraite ; ce n'est point qu'ils doutassent de la victoire, mais ils redoutaient les pertes que causerait le combat, la désorganisation qui en serait la suite. Les chevaux de la cavalerie et de l'artillerie étaient affaiblis par la fatigue et la mauvaise nourriture. Comment remplacer ceux que nous allions perdre ? comment transporter l'artillerie, les munitions, les blessés ? Dans cette situation, une marche sur Kaluga était bien téméraire, et la prudence conseillait de se retirer sur Smolensk. Le comte de Lobau déclara, même à plusieurs reprises, qu'il n'y avait pas un instant à perdre pour regagner le Niémen. Napoléon hésita longtemps : il passa toute la journée du 25 à étudier le champ de bataille et à discuter avec les généraux. Enfin il se décida pour la retraite : et l'on doit ajouter, à son éloge, qu'un des motifs qui le déterminèrent fut la nécessité où l'on aurait été d'abandonner les blessés après la bataille. Toute l'armée reprit la route de Smolensk par Mojaisk, et le mouvement était commencé quand le 5e corps arriva à Bowrosk. Le 1er corps faisait l'arrière-garde. Les Cosaques continuaient à nous harceler avec leur activité ordinaire; ils attaquèrent les équipages du 4e corps, puis ceux du grand quartier-général, et enfin l'empereur lui-même, dont l'escorte les mit en fuite. Les chemins étaient encombrés de voitures de toute espèce qui nous arrêtaient à chaque pas ; nous trouvions des ruisseaux débordés qu'il fallait passer tantôt sur une mauvaise planche, tantôt au milieu de l'eau. Le 28 au matin, le 5e corps occupait Véréya, le soir du même jour Ghorodock - Borisow ; le 29, laissant à droite les ruines de Mojaisk, nous atteignîmes la grande route au-dessous de cette ville.

On peut aisément se figurer quelles souffrances attendaient notre armée dans des lieux que les Russes et les Français avaient ravagés à l'envi. Si quelques maisons subsistaient encore, elles étaient sans habitants. Nos premières ressources devaient être à Smolensk, distant de nous de 80 lieues. Jusque-là il ne fallait s'attendre à trouver dans aucun lieu ni farine, ni viande, ni fourrages. Nous étions réduits aux provisions que nous avions emportées de Moscou ; mais ces provisions, peu considérables en elles-mêmes, avaient encore l'inconvénient d'être inégalement réparties, comme tous les produits du pillage. Un régiment avait conservé quelques bœufs et manquait de pain ; un autre avait de la farine et manquait de viande. Jusque dans le même régiment, cette inégalité se faisait remarquer. Quelques compagnies mouraient de faim, tandis que d'autres étaient dans l'abondance. Les chefs ordonnaient le partage, mais l'égoïsme employait tous les moyens pour tromper leur surveillance et se soustraire à leur autorité. D'ailleurs, pour conserver nos vivres, il fallait conserver les chevaux qui les traînaient, et le manque de nourriture en faisait mourir tous les jours un grand nombre. Les soldats qui s'écartaient de la route pour trouver à manger, tombaient entre les mains des Cosaques et des paysans armés. Le chemin était couvert de caissons que l'on faisait sauter, de canons et de voitures abandonnés, quand les chevaux n'avaient plus la force de les traîner. Dès les premiers jours enfin cette retraite ressemblait à une déroute. L'empereur continuait à exercer sa vengeance sur les maisons ; le prince d'Eckmülh, commandant l'arrière-garde, était chargé de mettre partout le feu, et

jamais ordre ne fut exécuté avec plus d'exactitude et
même de scrupule. Il envoyait à droite et à gauche
de la route des détachements pour incendier les
châteaux et les villages, à d'aussi grandes distances
que le permettait la poursuite de l'ennemi. Le spectacle
de cette destruction n'était pas le plus horrible de
ceux que nous avions sous les yeux ; une colonne de
prisonniers russes marchait en avant de nous, conduite par des troupes de la confédération du Rhin.
On leur distribuait à peine un peu de chair de cheval,
et les soldats chargés de les conduire massacraient
ceux qui ne pouvaient plus marcher. Nous rencon-
trions sur la route leurs cadavres qui tous avaient la
tête fracassée. Je dois aux soldats de mon régiment
la justice de dire qu'ils en furent indignés ; ils sentaient
d'ailleurs à quelles cruelles représailles le spectacle
de cette barbarie exposerait ceux d'entre eux qui
tomberaient entre les mains de l'ennemi.

En traversant le village de Borodino, plusieurs
officiers allèrent visiter le champ de bataille de la
Moscowa. On trouvait encore tous les débris épars
sur le terrain, les morts des deux armées étendus
sur la place où ils avaient été frappés. On a dit qu'on
y avait vu des blessés vivant encore ; je ne puis le
croire, et l'on n'en a jamais donné la preuve. Nous
étions le 29, au soir, à l'abbaye de Kolatskoe, trans-

formée d'abord en un hôpital, et qui n'était plus alors qu'un grand cimetière. Un seul bâtiment conservé sur les ruines de la ville de Gyat, servait aussi d'hôpital à nos malades. Les colonels reçurent l'ordre d'aller y reconnaître les hommes de leur régiment. On avait laissé les malades sans médicaments, sans vivres, sans aucun secours. Je pus à peine y pénétrer, au milieu des ordures de toute espèce qui encombraient les escaliers, les corridors et le milieu des salles. J'y trouvai trois hommes de mon régiment que je me fis un vrai plaisir de sauver.

Le 1er novembre nous arrivâmes à Viasma. Quelques cabanes, situées dans le faubourg de Moscou [1], nous servirent de logements ; cet abri, tout misérable qu'il était, nous parut bien doux après quinze jours de bivouacs.

Cependant aussitôt que le général Kutusow s'était aperçu du mouvement rétrograde de l'armée française, il avait détaché à sa poursuite le général Miloradowitsch avec un nombreux corps de troupes et tous les Cosaques de Platow, tandis que lui-même

---

[1] C'est-à-dire dans le faubourg de Viasma, situé sur la route de Moscou. J'indique une fois pour toutes cette manière de m'exprimer ; ainsi à Smolensk les faubourgs de Moscou, de Pétersbourg, de Wilna, désigneront les routes sur lesquelles les trois faubourgs de Smolensk sont placés, et ainsi des autres villes.

conduisait la grande armée russe par la route d'Elnïa
pour arriver avant nous sur le Dniéper. Le général
Miloradowitsch, dont l'avant-garde serrait de près
le 1ᵉʳ corps, marchait parallèlement à la grande
route, et faisait vivre ses troupes dans des pays
moins ravagés que ceux que nous parcourions ; les
chemins de traverse que prenait ce corps d'armée
avaient encore l'avantage d'être plus courts que la
grande route et de donner à l'ennemi la possibilité de
déborder notre arrière-garde et de nous prévenir à
Viasma. Dans cette situation l'on a reproché à l'empereur de n'avoir point marché assez vite, et pourtant les hommes et surtout les chevaux étaient
épuisés de fatigue. Pour hâter notre marche, il eût
fallu sacrifier tous les bagages. Sans doute, ce parti
eût évité de grands malheurs ; mais l'on ne pouvait
encore se résoudre à une telle extrémité. Enfin,
le 5 novembre, le général Miloradowitsch déboucha
sur la grande route, à une lieue de Viasma, et attaqua vivement le 4ᵉ corps, qui marchait sur la ville.
Par cette manœuvre, le 4ᵉ corps et le 1ᵉʳ qui le suivait se trouvaient coupés et obligés de se faire jour à
travers un ennemi supérieur en cavalerie et en artillerie. Une autre division russe cherchait en même

¹ Planche XII. — Viasma.

temps à s'emparer de Viasma par la route de Medyn. Heureusement, le maréchal Ney, qui occupait encore la ville, avait pris ses mesures pour faire échouer cette tentative. Les petites rivières de Vlitza et de Viasma forment comme un demi-cercle autour de la ville du côté de la route de Medyn, et en rendent la défense facile. La division Ledru prit position sur le plateau qui domine ces deux rivières, et rendit inutiles les efforts de l'ennemi pour en forcer le passage. La division Razout se porta en avant sur la route de Moscou pour secourir les 1er et 4e corps. Après un combat acharné et qui dura cinq heures, ces deux corps d'armée percèrent la ligne ennemie, et rouvrirent leurs communications avec nous.

Nous rentrâmes dans le faubourg, et j'appris que le 3e corps devait relever le premier à l'arrière-garde. Cette mission si importante et si difficile ne pouvait pas être confiée à un général plus capable de la remplir que le maréchal Ney, et je ne crains pas de dire qu'il était secondé de tout notre zèle. Les bonnes dispositions que mon régiment venait de montrer dans cette journée me remplissaient de confiance. Je fis connaître aux officiers la tâche pénible et glorieuse qui nous était imposée ; et tandis que les 1er et 4e corps traversaient Viasma et nous laissaient en présence de l'ennemi, nous nous préparâmes à les remplacer dignement, puisqu'il s'agissait de notre honneur, de la réputation de nos troupes et du salut de toute l'armée.

# CHAPITRE III

### RETRAITE DE VIASMA A SMOLENSK.

**Le 3e corps chargé de l'arrière-garde. — Départ de Viasma. — Marche jusqu'à D'horogobuz. — Affaire de D'horogobuz. — Affaire de Slobpnévo. — Rigueur du froid. — Arrivée à Smolensk. — Opérations des autres corps.**

Jusqu'à ce moment, le 3e corps, éloigné de l'arrière-garde et à peine harcelé par les troupes légères de l'ennemi, n'avait eu à combattre que la fatigue et la faim ; maintenant on va le voir soutenir seul les efforts de l'armée russe, en luttant à la fois contre tous les genres de mort, et l'on pourra juger si jamais la patience et le courage avaient été mis à de pareilles épreuves.

Dans la journée du 4 novembre, le 3e corps sortit de Viasma pour prendre position le long d'une forêt qui borde la rivière de ce nom et que traverse la

route de Smolensk. L'heureux choix de cette position et la bonne contenance des troupes empêchèrent
l'ennemi de passer la Viasma ; il dirigea ses attaques
toute la journée sur notre droite par la route de
Medyn ; le général Beurmann, détaché de ce côté,
s'y maintint jusqu'au soir ; deux compagnies de mon
régiment participèrent à l'honneur de cette belle
défense. Cependant les 4ᵉ et 1ᵉʳ corps traversaient
nos rangs dans le plus grand désordre ; j'étais loin de
croire qu'ils eussent autant souffert, et que leur
désorganisation fût aussi avancée. La garde royale
italienne presque seule marchait encore en bon ordre ;
le reste paraissait découragé et accablé de fatigue.
Une immense quantité d'hommes isolés marchaient
à la débandade et la plupart sans armes ; beaucoup
d'entre eux passèrent la nuit au milieu de nous dans
la forêt de Viasma. Je m'efforçai de leur persuader
de partir sans attendre l'arrière-garde. Il était important pour eux de gagner quelques heures de marche ;
et d'ailleurs nous ne pouvions pas souffrir qu'ils se
mêlassent dans nos rangs pour gêner nos mouvements ; ainsi leur propre intérêt se trouvait d'accord
avec le bien du service. Mais la fatigue ou la pa-
resse les rendait sourds à nos conseils. Le jour paraissait à peine, quand le 3ᵉ corps prit les armes et se
mit en marche. En ce moment tous les soldats isolés

quittèrent leurs bivouacs et vinrent se joindre à nous. Ceux d'entre eux qui étaient malades ou blessés restaient auprès du feu en nous conjurant de ne les point abandonner à l'ennemi. Nous n'avions aucun moyen de transport, et il fallait faire semblant de ne pas entendre des plaintes que nous ne pouvions soulager. Quant à cette troupe de misérables qui avaient abandonné leurs drapeaux quoiqu'ils fussent encore en état de combattre, j'ordonnai qu'on les repoussât à coups de crosse, et je les prévins que si l'ennemi nous attaquait, je ferais tirer sur eux au moindre embarras qu'ils causeraient.

La 1<sup>re</sup> division marcha en tête, la 2<sup>e</sup> à l'arrière-garde, chaque division formée la gauche en tête. Ainsi, mon régiment faisait l'extrême arrière-garde. Des pelotons de cavalerie et d'infanterie couvraient nos flancs; au sortir de la forêt, une vaste plaine leur permit de s'étendre et de marcher à notre hauteur; les officiers et les généraux, tous présents à leur poste, dirigeaient les mouvements. L'ennemi, qui nous avait suivis toute la journée sans rien entreprendre, essaya le soir d'attaquer l'arrière-garde au défilé de Semlévo; mon régiment

[1] Planche IX.

contint seul l'avant-garde russe, soutenue de deux pièces de canon, et donna ainsi le temps aux autres corps de passer le défilé; nous le passâmes à notre tour en laissant en présence de l'ennemi deux compagnies de voltigeurs, qui ne rentrèrent qu'au milieu de la nuit, et le 3ᵉ corps bivouaqua sur les hauteurs opposées. A peine commencions-nous à prendre quelque repos, que les Russes lancèrent des obus sur nos bivouacs; l'un deux atteignit un arbre au pied duquel je dormais. Personne ne fut blessé, et il y eut à peine un instant de désordre dans quelques compagnies du 18ᵉ. J'ai toujours remarqué que les coups tirés la nuit font peu de mal; mais ils frappent l'imagination en donnant aux soldats l'idée d'une prodigieuse activité de la part de l'ennemi.

La marche du lendemain fut à peine interrompue par la tentative inutile que firent les Cosaques contre nos équipages; au bout de trois lieues, le 3ᵉ corps prit position près de Postuïa Dwor. L'empereur voulait marcher lentement pour conserver les bagages; en vain le maréchal Ney lui écrivait-il qu'il n'y avait pas de temps à perdre, que l'ennemi serrait de près l'arrière-garde, que l'armée russe marchait sur nos flancs à grandes journées et qu'on devait craindre qu'elle ne nous prévînt à Smolensk ou à Orcha. Au reste, cette journée nous reposa des fatigues de la veille ; nous campâmes sur la lisière d'un bois qui fournissait abondamment nos bivouacs. Le temps était beau et assez doux pour la saison, et nous espérions arriver heureusement à Smolensk, qui devait être le terme de nos fatigues. Pendant la marche du lendemain le temps changea tout à coup et devint très-froid. Il était tard quand nous arrivâmes à D'horogobuz. La 1re division fut placée sur les hauteurs de la ville ; la 2e s'arrêta à un quart de lieue pour en défendre les approches. La nuit fut la plus froide que nous eussions encore éprouvée ; la neige tombait en abondance, et la violence du vent empêchait d'allumer du feu ; d'ailleurs, les bruyères sur lesquelles nous étions campés nous offraient peu de ressources pour nos bivouacs.

Cependant le maréchal Ney forma le projet d'arrêter l'ennemi devant D'horogobuz pendant toute la journée suivante. Nous étions encore à vingt-une lieues de Smolensk, et à moitié chemin de cette ville il fallait passer le Dniéper ; il importait donc d'éviter l'encombrement sur ce point, et de donner à l'armée que nous protégions le temps d'emmener son artillerie et ses bagages.

Le 8, à la pointe du jour, le 4e et le 18e régiment, sous les ordres du général Joubert, quittèrent leurs bivouacs pour venir prendre position à D'horogobuz; les Cosaques, à la faveur d'un épais brouillard, nous harcelèrent jusqu'à notre entrée dans la ville.

D'horogobuz, placé sur une hauteur, est appuyé au Dniéper. La 2ᵉ division, chargée de le défendre, fut établie ainsi qu'il suit : deux pièces de canon en batterie à l'entrée de la rue basse, soutenues par un poste du 4ᵉ régiment ; à gauche, une compagnie du 18ᵉ sur le pont du Dniéper ; à droite sur la hauteur, en avant d'une église, 100 hommes du 4ᵉ, commandés par un chef de bataillon ; le reste de la division dans la cour du château, sur la même hauteur ; la 1ʳᵉ division en réserve derrière la ville. Bientôt l'infanterie ennemie arriva et commença l'attaque ; le pont du Dniéper fut pris, le poste de l'église repoussé. Le général Razout, renfermé dans la cour du château avec le reste de la division et livré à son indécision ordinaire, allait être cerné, quand il nous donna enfin l'ordre de marcher. Il n'y avait pas un moment à perdre ; j'enlevai mon régiment au pas de charge, et nous nous précipitâmes sur les ennemis qui occupaient les hauteurs de la ville. L'affaire fut très-vive ; la nature du terrain, la neige, dans laquelle nous enfoncions jusqu'aux genoux, forçaient tout le régiment de se disperser

en tirailleurs et de combattre corps à corps. Les
progrès des Russes furent arrêtés ; mais bientôt l'ennemi pénétra de nouveau dans la ville basse, et le
général Razout, craignant d'être coupé, ordonna la
retraite. Je me repliai lentement, en reformant les
pelotons et en tenant toujours tète à l'ennemi ;
le 18e, qui avait secondé nos efforts, suivit ce mouvement ; les deux régiments, laissant l'ennemi
maître de la ville, vinrent se reformer derrière la
1re division.

Le maréchal Ney, mécontent du mauvais succès
de son plan, s'en prit au général Razout, au général
Joubert, à tout le monde ; il prétendit que l'ennemi,
n'était pas en forces suffisantes pour nous avoir ainsi
chassés de D'horogobuz, et me demanda combien j'en
avais vu ; je me permis de répondre que nous étions
trop près d'eux pour pouvoir les compter. Avant
de se décider à partir, il ordonna encore au général
d'Hénin de rentrer avec le 95e dans la ville basse
pour reprendre quelques caissons. A peine ce régiment se fut-il mis en mouvement, que l'artillerie
russe porta le désordre dans ses rangs et le fit
rétrograder. Le maréchal Ney, forcé de renoncer à
toute autre tentative, reprit la route de Smolensk.

Cependant les privations auxquelles nous étions
condamnés depuis le commencement de la retraite

devenaient plus rigoureuses ; le peu de vivres que nous avions achevait de s'épuiser ; les chevaux qui les traînaient mouraient de faim et de fatigue, et étaient eux-mêmes dévorés par les soldats. Depuis que nous étions à l'arrière-garde, tous les hommes qui s'écartaient de la route pour chercher des vivres tombaient entre les mains de l'ennemi, dont la poursuite devenait de plus en plus active. La rigueur du froid vint augmenter nos embarras et nos souffrances ; beaucoup de soldats, épuisés de fatigue, jetaient leurs armes et quittaient leurs rangs pour marcher isolément. Ils s'arrêtaient partout où ils trouvaient un morceau de bois à brûler pour faire cuire un quartier de cheval ou un peu de farine, si toutefois leurs camarades ne venaient pas leur enlever cette dernière ressource ; car nos soldats, mourant de faim, s'emparaient de force des vivres de tous les hommes isolés qu'ils rencontraient, heureux encore s'ils ne leur arrachaient pas leurs vêtements. Après avoir ravagé tout le pays, nous étions réduits à nous entre-détruire, et cette extrémité était devenue nécessaire. Il fallait à tout prix conserver les soldats fidèles à leur drapeau et qui soutenaient seuls à l'arrière-garde l'effort de l'ennemi ; les soldats isolés, n'appartenant plus à aucun régiment et ne pouvant plus rendre aucun service, n'avaient droit à aucune pitié. Aussi la route que nous parcourions ressemblait-elle à un champ de bataille. Ceux qui avaient résisté au froid et à la fatigue succombaient au tourment de la faim; ceux qui avaient conservé quelques provisions se trouvaient trop faibles pour suivre la marche et restaient au pouvoir de l'ennemi : les uns avaient eu les membres gelés et mouraient étendus sur la neige; d'autres s'endormaient dans les villages et étaient consumés par les flammes que leurs compagnons avaient allumées. Je vis à D'horogobuz un soldat de mon régiment en qui le besoin avait produit les effets de l'ivresse ; il était auprès de nous sans nous reconnaître; il nous demandait son régiment ; il nommait les soldats de sa compagnie, et leur parlait comme à des étrangers; sa démarche était chancelante, son regard égaré. Il disparut au commencement de l'affaire, et je ne le revis plus. Quelques cantinières ou femmes de soldats appartenant aux régiments qui nous précédaient se trouvaient au milieu de nous. Plusieurs de ces malheureuses traînaient avec elles des enfants; et malgré l'égoïsme, si commun alors, chacun s'empressait de les secourir. Le tambour-major porta longtemps un enfant sur les bras. Les officiers qui avaient conservé un cheval le partageaient avec ces pauvres gens. Je fis conduire aussi pendant quelques jours une femme et son enfant sur une charrette que j'avais encore; mais qu'était-ce que de si faibles secours contre tant de souffrances, et comment pouvions-nous adoucir des maux que nous partagions nous-mêmes ?

De D'horogobuz nous arrivâmes en deux jours à Slobpnévo, sur le bord du Dniéper. Le chemin était tellement glissant que les chevaux mal ferrés pouvaient à peine se soutenir. La nuit nous bivouaquions dans les bois au milieu de la neige. Chaque régiment faisait à son tour l'extrême arrière-garde , que l'ennemi suivait et harcelait sans cesse. L'armée continuait à marcher si lentement que nous allions atteindre le 1er corps qui nous précédait immédiatement. L'encombrement sur le pont du Dniéper à Slobpnévo avait été extrême; la route à un quart de lieue en avant était encore couverte de voitures et de caissons abandonnés. Le 10 au matin, avant de passer le fleuve, on s'occupa de débarrasser le pont et de brûler toutes ces voitures. On y trouva quelques bouteilles de rhum qui furent d'un grand secours. J'étais d'arrière-garde, et mon régiment défendit toute la journée la route qui mène au pont. Le bois que traverse cette route était rempli de blessés qu'il fallait abandonner, et que les Cosaques massacraient presque au milieu de nous. M. Rou-

chat, sous-lieutenant, s'étant approché imprudem-
ment d'un caisson que l'on faisait sauter, fut mis en
pièces par l'explosion. Vers le soir les troupes passèrent le Dniéper; on détruisit le pont.

Il devenait important d'arrêter l'ennemi au passage
du fleuve, nous n'étions plus qu'à onze lieues de
Smolensk. Il fallait laisser aux troupes qui nous
précédaient le temps d'arriver dans cette ville et de
se remettre en état de défense. L'empereur n'attendait même le 3e corps à Smolensk que dans quatre
ou cinq jours, tant il avait peu d'idée de la situation
de l'armée et principalement de l'arrière-garde.

Le maréchal Ney fit ses dispositions pour défendre
le passage. Le 4e régiment fut placé sur le bord de la
rivière, le 18e en seconde ligne. Le maréchal établit son
quartier général à la gauche du 4e, dans un blockhaus
construit pour protéger le pont et fort bien palissadé.
Il plaça le général d'Hénin avec le 95e au village de
Pnévo, à un quart de lieue sur la gauche, et la 1re
division le long du Dniéper, à l'extrême droite. Le
soir il se promena longtemps devant le front de mon
régiment avec le général Joubert et moi. Il nous fit
observer les malheureuses suites de la journée de
D'horogobuz. L'ennemi gagnait un jour de marche; il
précipitait notre retraite; il nous forçait d'abandonner nos caissons, nos bagages, nos blessés : tous

ces malheurs pouvaient s'éviter si l'on eût défendu D'horogobuz pendant vingt-quatre heures. Le général Joubert parla de la faiblesse des troupes, de leur découragement. Le maréchal reprit vivement qu'il ne s'agissait que de se faire tuer, et qu'une mort glorieuse était trop belle pour qu'on en dût fuir l'occasion. Quant à moi, je me contentai de répondre que je n'avais quitté les hauteurs de D'horogobuz qu'après en avoir reçu deux fois l'ordre.

Le 11 au matin, l'infanterie ennemie s'approcha de la rive opposée et engagea le combat avec le 4ᵉ régiment. L'attaque fut si vive et si imprévue, que les balles tombaient au milieu de nos bivouacs avant que les soldats eussent eu le temps de prendre les armes. Les voltigeurs se portèrent sur le bord de la rivière pour répondre au feu de l'ennemi; mais la nature du terrain, couvert de broussailles du côté opposé et entièrement découvert du nôtre, rendait le combat trop inégal. Le second bataillon entra dans le blockhaus, le premier s'appuya à un bouquet de bois qui le mettait à l'abri; la fusillade continua entre l'infanterie russe et le bataillon placé dans le blockhaus. Le maréchal y passa toute la journée; il dirigea le feu des soldats et tira lui-même quelques coups de fusil; je m'y établis aussi, croyant de mon devoir de commander directement la portion de mon régiment la plus exposée. Vers le soir, les Russes passèrent le Dniéper auprès du village qu'occupait le 93e, et manœuvrèrent pour l'envelopper. Le général d'Hénin quitta sa position et revint auprès du blockhaus, ce qui lui valut une forte réprimande du maréchal Ney. C'était bien de la sévérité. A la guerre un officier détaché doit savoir prendre un parti sans attendre des ordres qui souvent ne lui parviennent pas. On l'accuse de faiblesse s'il se retire; on l'accuserait de témérité s'il compromettait les troupes qui lui sont confiées. Supporter l'injustice est un des devoirs de l'état militaire, et assurément un des plus pénibles. Au reste, le souvenir que le général d'Hénin conserva de cette réprimande faillit un jour nous être bien funeste, ainsi que je le dirai plus tard.

Le lendemain 12, à cinq heures du matin, le 5e corps se remit en marche. Je continuai de défendre le blockhaus jusqu'à sept heures, et je rejoignis ensuite la colonne, après y avoir mis le feu selon l'ordre exprès que j'en reçus. La rage de tout brûler s'étendit jusqu'à cette palissade et nous porta malheur; car l'ennemi, à qui l'incendie fit connaître notre départ, lança des obus qui atteignirent quelques hommes.

Il restait encore deux jours de marche pour arriver à Smolensk ; ces deux journées furent pour le moins aussi pénibles que les précédentes. Les Cosaques ne cessèrent de nous harceler, et tentèrent même inutilement une attaque sérieuse contre le 18e régiment. Le 13, il fallut faire sept lieues sur le verglas et par le froid le plus rigoureux; la violence du vent était telle, que dans les haltes on ne pouvait rester en place; le repos n'était qu'une fatigue de plus. Nous arrivâmes enfin le soir à une demi-lieue de Smolensk, et nous prîmes position derrière les ravins qui en défendent les approches. La nuit mit le comble à nos souffrances, et termina dignement cette cruelle retraite. Plusieurs soldats moururent de froid au bivouac, d'autres eurent les membres gelés. Au point du jour, nous découvrîmes avec joie les tours de Smolensk que nous regardions depuis longtemps comme le terme de nos misères, puisque l'armée devait s'y reposer et y trouver en abondance des vivres, dont elle était privée depuis si longtemps.

Il s'en fallait bien pourtant que ces espérances dussent être réalisées; de tous côtés la fortune semblait favoriser les Russes. Sur la Dwina, le général Wittgenstein, après avoir enlevé Polotzk le 18 octobre, cherchait à rejeter les 2e et 6e corps sur la grande route de Smolensk. Le 9e partait de cette dernière ville pour leur porter secours. A l'autre extrémité du théâtre de la guerre, la paix conclue avec la Turquie avait permis à l'amiral Tchitchagoff, commandant l'armée de Moldavie, de se réunir au corps de Tormasow. Les Autrichiens s'étaient retirés derrière le Bug, et l'amiral s'avançait à grandes journées pour s'emparer de Minsk, où nous avions d'immenses magasins, et pour nous prévenir au passage de la Bérézina.

Pendant ce temps la grande armée russe manœuvrait toujours sur nos flancs, interceptait les communications, enlevait les corps détachés, et ne nous permettait plus de nous écarter de la route. Sur la gauche, la brigade du général Augereau, cernée aux environs d'Elnïa, avait mis bas les armes. Sur la droite, le 4ᵉ corps, qui de D'horogobuz marchait sur Witepsk, venait d'éprouver les plus grands désastres par le froid, la difficulté des chemins et la poursuite de l'ennemi. Son artillerie presque entière avait été détruite au passage du Wop, et ce corps d'armée revenait en toute hâte à Smolensk, où il arriva le même jour que le 3ᵉ. Il devenait impossible de s'arrêter à Smolensk; il fallait se hâter de prévenir l'ennemi sur la Bérézina, en se réunissant aux 2ᵉ et 9ᵉ corps. L'ordre fut donné de continuer la marche, malgré la rigueur de la saison, malgré la déplorable situation des troupes. Le 3ᵉ corps, fidèle à remplir sa noble tâche, resta chargé de l'arrière-garde, et nous nous préparâmes à opposer de nouvelles forces à de nouvelles fatigues, et un nouveau courage à de nouveaux dangers.

# CHAPITRE IV



Smolensk était, ainsi que Minsk, un des grands dépôts de l'armée; on comptait, pour pourvoir aux premiers besoins, sur les magasins qu'on y avait rassemblés, et en effet ils auraient bien dû suffire; mais lorsque la désorganisation s'est mise dans une armée aussi nombreuse, il devient impossible d'en arrêter les progrès. Les administrations, les employés de toute espèce qui sont chargés de maintenir la régularité du service, ne sont plus alors que des éléments de désordre, et le mal s'augmente de tous les efforts que l'on fait pour l'arrêter. Le passage de l'armée à Smolensk en offrit un triste exemple. Depuis la prise de cette ville, le général Charpentier, gouverneur, et M. de Villeblanche, intendant de la province, n'avaient rien négligé pour rendre quelque confiance aux habitants. Grâce à leurs soins, secondés par la bonne discipline du 9e corps, on commençait à rétablir les maisons et l'on faisait venir de tous côtés des vivres que l'on mettait en magasin, quand nos soldats arrivant en foule se précipitèrent aux portes, croyant trouver à Smolensk le repos et l'abondance. Napoléon, qui craignait le tumulte qu'allaient occasionner tous ces soldats isolés, et les régiments presque aussi indisciplinés qu'eux, s'était hâté d'arriver avec la garde impériale. Il défendit de laisser entrer personne, et ordonna aux régiments de se reformer dans les faubourgs. La garde reçut abondamment des distributions de toute espèce, et quand on voulut songer aux autres troupes, le désordre de l'administration, qui était égal à celui de l'armée, empêcha de rien faire d'utile. Les abus de tous genres s'exercèrent impunément; les magasins furent forcés et livrés au pillage, et comme il arrive toujours, on détruisit en vingt-quatre heures les ressources de plusieurs mois; on pilla et l'on mourut de faim.

Le 3e corps , arrivant le dernier sous les murs de Smolensk et tout occupé encore à en défendre les approches, fut oublié par ceux qu'il avait protégés. Pendant que nous tenions tête à l'ennemi, les autres corps d'armée achevaient de piller les magasins. Lorsque j'entrai à mon tour dans la ville, je n'y pus rien trouver ni pour mon régiment ni pour moi. Il fallut donc se résoudre à continuer notre retraite sans avoir reçu aucun secours. On ajouta seulement au 3e corps le 129e régiment et un régiment d'Illyriens, qui furent partagés entre les deux divisions. Ce renfort était bien nécessaire; car depuis Moscou les 11,000 hommes du 3e corps étaient réduits à moins de 3,000. La division wurtembourgeoise, ainsi que la cavalerie, n'existaient plus; l'artillerie conservait à peine quelques canons ; et c'était avec d'aussi faibles moyens qu'il fallait tenir tête à l'avant-garde russe. Déjà l'armée prenait la route d'Orcha, et le maréchal Ney, resté seul, se disposait à défendre la ville le plus longtemps possible pour retarder la poursuite de l'ennemi.

J'ai parlé de Smolensk au commencement de ce récit; j'ai dit que cette ville était située sur la rive gauche du Dniéper, et qu'un faubourg seul s'élevait en amphithéâtre sur la rive droite; les routes de Pétersbourg et de Moscou traversent ce faubourg. Il était, à l'époque où nous sommes, presque entièrement brûlé. Un pont jeté sur le Dniéper conduisait dans la ville, et une forte tête de pont construite sur la rive droite en défendait le passage.

Le 14 au matin, le 3e corps quitta les approches de Smolensk, et fut placé de la manière suivante : la 2e division dans le faubourg de la rive droite ; la 1re, en réserve, dans la tête de pont ; le 4e régiment gardait la barrière de Moscou, et le régiment d'Illyrie celle de Pétersbourg ; on occupa le petit nombre de maisons que l'incendie avait épargnées. Le froid était si violent, que, la nuit suivante, les soldats placés aux postes avancés menacèrent de les quitter et de rentrer dans les maisons. J'envoyai de bons officiers pour les rappeler à leurs devoirs, bien décidé moi-même à les suivre si ma présence était nécessaire, et à m'établir au bivouac avec tous les officiers de mon régiment. Il y allait de notre honneur, puisque la défense de l'entrée du faubourg était confiée à mon régiment, et qu'une surprise aurait compromis la division tout entière. L'ordre fut bientôt rétabli. Les soldats ne pouvaient être insensibles à la voix de l'honneur, et ceux à qui la souffrance arracha quelques murmures indignes de leur courage, les expièrent bientôt par une mort glorieuse.

Le lendemin 15 fut le jour d'une affaire où mon régiment se trouva seul engagé. La 2e division reçut dans la matinée l'ordre d'abandonner le faubourg de la rive droite, de traverser la ville et de s'établir sur la route de Wilna, laissant ainsi la 1re division en première ligne pour défendre la tète de pont. Le 4e régiment, qui occupait l'entrée du faubourg, se trouvait le plus éloigné du lieu de rassemblement ; le rappel des postes demanda du temps, et le général Razout, pressé d'exécuter l'ordre qu'il avait reçu, se mit en marche sans vouloir m'attendre. Je partis le plus tôt possible, pour rejoindre la division, lorsque l'ennemi, trouvant les postes extérieurs évacués, pénétra dans le faubourg ; les soldats isolés qu'il poursuivait vinrent se réfugier dans nos rangs. Je pressai la marche, et quand nous eûmes gagné la tète de pont, j'en trouvai le passage tellement obstrué par les voitures qui s'y précipitaient, qu'il était impossible d'y faire passer un seul homme. Il fallut donc attendre ; mais l'embarras croissait à chaque instant. Les Russes établirent deux pièces de canon sur les hauteurs et commencèrent à tirer sur les voitures et sur mon régiment. Alors le désordre fut porté au comble ; les conducteurs abandonnèrent les voitures fracassées par les boulets ; l'infanterie russe et les Cosaques s'avançaient. Cette situation devenait très-critique; il fallait à tout prix repousser une attaque qui pouvait rendre l'ennemi maître de la tête de pont; mais, me trouvant seul dans le faubourg, je n'osais engager une affaire quand j'avais l'ordre de me retirer. Heureusement le maréchal Ney, que le bruit du canon attirait toujours, parut sur le parapet et m'ordonna de marcher à l'ennemi pour le chasser entièrement du faubourg et donner le temps de débarrasser le passage. J'enlevai mon régiment au pas de charge au milieu de la neige et des décombres des maisons. Les soldats, fiers de combattre sous les yeux du maréchal et des régiments de la 1re division qui les contemplaient du haut du rempart, s'élancèrent sur l'ennemi avec la plus grande ardeur; les Russes se retirèrent précipitamment en emmenant l'artillerie; leurs tirailleurs furent chassés des maisons; en peu d'instants nous étions maîtres du faubourg entier; le maréchal Ney me fit dire alors de ne point trop m'avancer, recommandation bien rare de sa part. Je formai mon régiment derrière la barrière de Pétersbourg, et un combat très-vif s'engagea sur ce point avec les Russes qui étaient placés dans le cimetière d'une église voisine, dont ils n'osèrent plus sortir. Ce combat se soutint longtemps, quoique les Russes eussent sur nous l'avantage de la position, du nombre et de l'artillerie. Ce ne fut qu'après avoir reçu l'ordre de rentrer que je commençai ma retraite. Elle se fit en bon ordre, et je ramenai mon régiment dans la tête de pont. Tous les officiers avaient rivalisé de zèle en cette occasion ; aucun d'eux ne fut blessé, et je perdis peu de soldats. Le sergent que j'avais cassé en commençant la retraite, et à qui je venais de rendre son grade le matin même, fut frappé à côté de moi d'une balle qui m'était peut-être destinée ; il tomba mort à mes pieds.

Pendant que la 1re division défendait la ville à son tour, la 2e employa la journée du 16 à nettoyer les armes et à prendre quelque repos. Un détachement de 200 hommes venant de France nous attendait à Smolensk ; je le passai en revue, et l'incorporai dans mon régiment, qui, par ce renfort, se trouva porté à plus de 500 hommes. Je vis avec peine combien les jeunes gens qui composaient ce détachement avaient déjà souffert de la fatigue de la route et de la rigueur de la saison. Les équipages, qui avaient pris depuis longtemps les devants, nous attendaient aussi à Smolensk ; je leur ordonnai de nous suivre ; d'autres colonels envoyèrent les leurs en avant, et l'on en sauva quelques-uns.

Ce même soir je reçus les témoignages les plus flatteurs de la satisfaction du maréchal Ney pour notre affaire de la veille. J'en fis part aux officiers de mon régiment ; je les exhortai à s'en rendre toujours dignes. Je pensais avec plaisir que leur tâche allait être bientôt remplie ; car l'empereur saisirait certainement la première occasion de nous relever à l'arrière-garde par des troupes fraîches. Aucun officier n'avait été dangereusement blessé ; 500 soldats restaient encore, et combien ce petit nombre d'hommes était éprouvé ! Quel intérêt, quelle confiance ne devaient pas inspirer ces braves soldats, qui, au milieu de si rudes épreuves, étaient restés fidèles à leurs drapeaux, et dont le courage semblait s'accroître avec les dangers et les privations ! J'étais fier de la gloire qu'ils avaient acquise ; je jouissais d'avance du repos dont j'espérais les voir bientôt jouir. Cette illusion fut promptement détruite ; mais j'aime encore à en conserver le souvenir, et c'est le dernier sentiment doux que j'aie éprouvé dans le cours de cette campagne.

Beaucoup d'officiers blessés et malades étaient renfermés dans l'hôpital de Smolensk. J'appris qu'il y avait parmi eux un officier de mon régiment qui avait eu une cuisse emportée ; je l'envoyai chercher sur-le-champ pour l'emmener avec nous. Ses compagnons d'infortune restèrent exposés aux dangers de l'incendie, de la chute des remparts et de la vengeance des Russes ; car c'était le lendemain que le 3e corps devait quitter cet affreux séjour, après avoir fait sauter les remparts ainsi qu'un grand nombre de caissons que l'armée ne pouvait emmener. Déjà cette ville n'offrait plus qu'un amas de décombres. Les portes et fenêtres des maisons qui restaient étaient brisées, les chambres remplies de cadavres ; on voyait au milieu des rues les carcasses de chevaux dont toutes les chairs avaient été dévorées par les soldats et par quelques habitants confondus avec eux dans la même misère. Je n'oublierai jamais surtout l'impression de tristesse que j'éprouvai la nuit dans les rues désertes à la lueur de l'incendie qui se réfléchissait sur la neige et contrastait singulièrement avec la douce clarté de la lune. J'avais vu quelques années auparavant cette ville dans tout l'éclat de la richesse, et ce souvenir me rendait plus pénible encore le spectacle de sa destruction. Le lendemain, au moment de notre départ, plusieurs fortes détonations nous apprirent que Smolensk avait cessé d'exister.

Nous marchâmes tranquillement sur la route d'Orcha. Le canon se fit seulement entendre dans le lointain, et l'on pensa que c'était le 9e corps qui se rapprochait de la grande route ; car comment supposer que l'ennemi fût sur notre chemin, sans que les corps d'armée qui nous précédaient songeassent à nous en prévenir? Il n'était cependant que trop certain que l'armée russe, à la faveur de sa marche de flanc, avait atteint Krasnoi, tandis que les Français occupaient encore Smolensk, et qu'elle se préparait à les arrêter au passage. L'empereur, avec la garde, le 4e et enfin le 1er corps furent attaqués successivement les 15, 16 et 17 à Krasnoi. Outre la supériorité du nombre, on peut juger quel avantage avaient les Russes sur des troupes épuisées et presque entièrement dépourvues de cavalerie et d'artillerie. Cependant la valeur triompha de tous les obstacles; la garde impériale, ayant forcé le passage, resta près de Krasnoi pour secourir les 4e et 1er corps. Le vice-roi, ainsi que le maréchal Davoust rejetèrent avec indignation les propositions de capitulation qu'on osa leur faire. Ils percèrent à leur tour la ligne ennemie, mais en perdant presque toute leur artillerie, leurs bagages et un grand nombre de prisonniers.

L'empereur, n'ayant plus un moment à perdre pour arriver sur la Bérézina, se vit forcé d'abandonner le 3e corps, et précipita sa marche sur Orcha. Pendant trois jours que dura cette affaire, aucun avis ne fut donné au maréchal Ney du danger qui allait le menacer à son tour.

L'empereur a beaucoup reproché au maréchal Davoust de ne s'être pas arrêté un jour à Krasnoi pour attendre le 3e corps. Le maréchal assura qu'il ne l'avait pas pu ; au moins eût-il dû prévenir le maréchal Ney. Peut-être aussi la communication était-elle interceptée. Quoi qu'il en soit, le général Miloradowitsch se contenta d'envoyer quelques troupes légères à la poursuite de l'empereur, et réunit toutes ses forces contre le 3e corps, qu'il comptait prendre en totalité.

Le 18 au matin nous partîmes de Koritnya et marchâmes sur Krasnoi ; quelques escadrons de Cosaques harcelèrent, en approchant de cette ville, la 2e division qui marchait en tête. Cette apparition des Cosaques n'avait aucune importance ; nous y étions accoutumés, et quelques coups de fusil suffisaient pour les écarter ; mais bientôt l'avant-garde rencontra la division du général Ricard, appartenant au 1er corps, qui était restée en arrière et qui venait d'être mise en déroute. Le maréchal rallia les restes de cette division, et, à la faveur d'un brouillard qui favorisait notre marche en cachant notre petit nombre, il approcha de l'ennemi jusqu'à ce que le canon le forçât de s'arrêter. L'armée russe rangée en bataille fermait le passage de la route ; nous apprîmes seulement alors que nous étions abandonnés du reste de l'armée, et que nous n'avions de salut que dans notre désespoir.

# CHAPITRE V

RETRAITE DE KRASNOI A ORCHA.

Déroute du 3e corps à Krasnoi. — Hardi projet du maréchal Ney. —
Passage du Dniéper. — Marches sur la rive droite de ce fleuve. —
Situation critique du 4e régiment. — Arrivée à Orcha.

L'affaire du 3e corps à Krasnoi est une des plus
belles qui aient illustré cette campagne ; jamais on
ne vit de lutte plus inégale ; jamais le talent du général et le dévouement des troupes ne parurent avec
plus d'éclat. A peine le maréchal Ney avait-il mis
son avant-garde à l'abri du feu de l'artillerie, qu'un
parlementaire envoyé par le général Miloradowitsch
vint le sommer de mettre bas les armes. Ceux qui
l'ont connu comprendront avec quel dédain cette
proposition dut être accueillie ; mais le parlementaire
l'assura que la haute estime dont le général russe

[1] PLANCHE XIII. — Krasnoi.

faisait profession pour ses talents et pour son courage,
l'empêcherait de lui rien proposer qui fût indigne de
lui ; que cette capitulation était nécessaire; que les
autres corps d'armée l'avaient abandonné; qu'il était
en présence d'une armée de 80,000 hommes, et qu'il
pouvait, s'il le désirait, envoyer un officier pour s'en
convaincre. Le 3e corps avec les renforts reçus à
Smolensk ne s'élevait pas à 6,000 combattants ;
l'artillerie était réduite à six pièces de canon, la cavalerie à un seul peloton d'escorte. Cependant le maréchal pour toute réponse fit le parlementaire prisonnier; quelques coups de canon tirés pendant cette
espèce de négociation servirent de prétexte, et sans
considérer les masses des ennemis et le petit nombre
des siens, il ordonna l'attaque. La 2e division formée
en colonnes par régiments, marcha droit à l'ennemi.
Qu'il me soit permis de rendre hommage au dévouement de ces braves soldats et de me féliciter de l'honneur d'avoir marché à leur tête. Les Russes les
virent avec admiration s'avancer vers eux dans le
meilleur ordre et d'un pas tranquille. Chaque coup
de canon enlevait des files entières; chaque pas rendait la mort plus inévitable, et la marche ne fut pas
ralentie un seul instant. Enfin nous approchâmes
tellement de la ligne ennemie que la 1re division de
mon régiment écrasée tout entière par la mitraille fut

renversée sur celle qui la suivait et y porta le désordre. Alors l'infanterie russe nous chargea à son tour, et la cavalerie tombant sur nos flancs nous mit dans une déroute complète. Quelques tirailleurs avantageusement placés arrêtèrent un instant la poursuite de l'ennemi; la division Ledru fut mise en bataille, et 6 pièces de canon répondirent au feu de la nombreuse artillerie des Russes. Pendant ce temps je ralliai ce qui restait de mon régiment sur la grande route, où les boulets nous atteignaient encore. Notre attaque n'avait pas duré un quart d'heure, et la 2e division n'existait plus; mon régiment perdit plusieurs officiers et fut réduit à 200 hommes; le régiment d'Illyrie et le 18e, qui perdit son aigle, furent encore plus maltraités; le général Razout blessé; le général Lenchantin fait prisonnier.

Aussitôt le maréchal fit rétrograder sur Smolensk la 2e division; au bout d'une demi-lieue, il la dirigea à gauche à travers champs, perpendiculairement à la route. La 1re division, ayant longtemps épuisé ses forces à soutenir le choc de toute l'armée ennemie, suivit ce mouvement avec les canons et quelques bagages; tous les blessés qui pouvaient encore marcher, se traînèrent à leur suite. Les Russes se cantonnèrent dans les villages, en envoyant une colonne de cavalerie pour nous observer.

Le jour baissait ; le 3e corps marchait en silence ; aucun de nous ne pouvait comprendre ce que nous allions devenir. Mais la présence du maréchal Ney suffisait pour nous rassurer. Sans savoir ce qu'il voulait ni ce qu'il pourrait faire, nous savions qu'il ferait quelque chose. Sa confiance en lui-même égalait son courage. Plus le danger était grand, plus sa détermination était prompte ; et quand il avait pris son parti, jamais il ne doutait du succès. Aussi, dans un pareil moment, sa figure n'exprimait ni indécision ni inquiétude ; tous les regards se portaient sur lui, personne n'osait l'interroger. Enfin, voyant près de lui un officier de son état-major, il lui dit à demi-voix : *Nous ne sommes pas bien. — Qu'allez-vous faire ?* répondit l'officier. — *Passer le Dniéper. — Où est le chemin ? — Nous le trouverons. — Et s'il n'est pas gelé ? — Il le sera. — A la bonne heure*, dit l'officier. Ce singulier dialogue, que je rapporte textuellement, révéla le projet du maréchal de gagner Orcha par la rive droite du fleuve, et assez rapidement pour y trouver encore l'armée qui faisait son mouvement par la rive gauche. Le plan était hardi et habilement conçu ; on va voir avec quelle vigueur il fut exécuté.

Nous marchions à travers champs sans guide, et l'inexactitude des cartes contribuait à nous égarer. Le maréchal Ney, doué de ce talent d'homme de

guerre qui apprend à tirer parti des moindres circonstances, remarqua de la glace dans la direction
que nous suivions et la fit casser, pensant que ce
devait être un ruisseau qui nous conduirait au Dniéper. C'était réellement un ruisseau ; nous le suivîmes
et nous arrivâmes à un village (1) où le maréchal fit
mine de vouloir s'établir. On alluma de grands feux ;
on plaça des avant-postes. L'ennemi nous laissa
tranquilles, comptant avoir bon marché de nous le
lendemain. A la faveur de ce stratagème, le maréchal s'occupa de suivre son plan. Il fallait un guide,
et le village était désert; les soldats finirent par trouver un paysan boiteux; on lui demanda où était le
Dniéper et s'il était gelé. Il répondit qu'à une lieue
de là se trouvait le village de Sirokowietz, et que le
Dniéper devait être gelé en cet endroit. Nous partîmes conduits par ce paysan : bientôt nous arrivâmes
au village. Le Dniéper, très-encaissé, était en effet
assez gelé pour que l'on pût le traverser à pied. Pendant qu'on cherchait un passage, les maisons se
remplissaient d'officiers et de soldats blessés le matin,
qui s'étaient traînés jusque-là et auxquels les chirurgiens pouvaient à peine donner les premiers soins ;
ceux qui n'étaient point blessés s'occupaient de

¹ Danikowa.

8

chercher des vivres ; le maréchal Ney seul, oubliant à la fois les dangers du jour et ceux du lendemain, dormait d'un profond sommeil.

Vers le milieu de la nuit, on prit les armes pour passer le Dniéper en abandonnant à l'ennemi l'artillerie, les bagages, les voitures de toute espèce et les blessés qui ne pouvaient marcher. M. de Briqueville (1), dangereusement blessé la veille, passa le Dniéper en se traînant sur ses genoux ; je le confiai à deux sapeurs qui vinrent à bout de le sauver. La glace était si peu épaisse qu'un très-petit nombre de chevaux put passer ; les troupes se reformèrent de l'autre côté du fleuve.

Déjà le succès venait de couronner le premier plan du maréchal ; le Dniéper était passé ; mais nous étions à plus de 15 lieues d'Orcha. Il fallait y arriver avant que l'armée française en fût partie ; il fallait traverser des pays inconnus et résister aux attaques de l'ennemi avec une poignée de fantassins épuisés de fatigue, sans cavalerie ni artillerie. La marche commença sous d'heureux auspices. Nous trouvâmes des Cosaques endormis dans un village (2) ; ils furent faits prisonniers. Le 19, aux premiers rayons du jour,

---

¹ Aide-de-camp du duc de Plaisance.

² Gusinoé.

nous suivîmes la route de Liubavitschi. A peine fûmes-nous arrêtés quelques instants par le passage d'un torrent, et par quelques postes de Cosaques qui se replièrent à notre approche : à midi nous avions atteint deux villages situés sur une hauteur, et dont les habitants eurent à peine le temps de se sauver en nous abandonnant leurs provisions. Les soldats se livraient à la joie que cause un moment d'abondance, lorsque l'on entendit crier *aux armes ;* l'ennemi s'avançait et venait de replier nos avant-postes. Les troupes sortirent des villages, se formèrent en colonne et se remirent en marche en présence de l'ennemi ; mais ce n'étaient plus quelques Cosaques comme ceux que nous avions rencontrés jusqu'à ce moment ; c'étaient des escadrons entiers manœuvrant en ordre et commandés par le général Platow lui-même. Nos tirailleurs les continrent ; les colonnes pressèrent le pas en faisant leurs dispositions contre la cavalerie. Quelque nombreuse que fût cette cavalerie, nous ne la craignions guère, car jamais les Cosaques n'ont osé charger à fond un carré d'infanterie. Mais bientôt plusieurs pièces de canon en batterie ouvrirent leur feu sur nos colonnes. Cette artillerie suivait le mouvement de la cavalerie et se transportait sur des traîneaux partout où elle pouvait agir utilement. Jusqu'à la chute du jour, le maréchal

Ney ne cessa de lutter contre tant d'obstacles, en profitant des moindres accidents du terrain. Au milieu des boulets qui tombaient dans nos rangs et malgré les cris et les démonstrations d'attaque des Cosaques, nous marchions du même pas. La nuit approchait ; l'ennemi redoubla d'efforts. Il fallut quitter la route et se jeter à gauche le long des bois qui bordent le Dniéper. Déjà les Cosaques s'étaient emparés de ces bois ; le 4ᵉ et le 18ᵉ sous la conduite du général Hénin furent chargés de les en chasser. Pendant ce temps l'artillerie ennemie prit position sur le bord opposé d'un ravin que nous devions passer. C'était là que le général Platow comptait nous exterminer tous.

Je suivis mon régiment dans le bois. Les Cosaques s'éloignèrent ; mais le bois était profond et assez épais ; il fallait faire face dans toutes les directions pour se garantir des surprises. La nuit vint, nous n'entendions plus rien autour de nous ; il était plus que probable que le maréchal Ney continuait de se porter en avant. Je conseillai au général d'Hénin de suivre son mouvement ; il s'y refusa pour éviter les reproches du maréchal, s'il quittait, sans son ordre, le poste où il l'avait placé. Dans ce moment, de grand cris, qui annonçaient une charge, se firent entendre en avant de nous et déjà à quelque distance ; il devenait donc certain que notre colonne continuait sa marche, et que nous allions en être coupés. Je redoublai mes instances, en assurant le général d'Hénin que le maréchal, dont je connaissais bien la manière de servir, ne lui enverrait point d'ordre, parce qu'il s'en rapportait à chaque commandant de troupes pour agir selon les circonstances ; que d'ailleurs il était trop éloigné pour pouvoir maintenant communiquer avec nous, et que le 18e était déjà sûrement parti depuis longtemps. Le général persista dans son refus : tout ce que je pus obtenir fut qu'il nous conduisît au point où devait être le 18e pour réunir les deux régiments. Le 18e était parti, et nous trouvâmes à sa place un escadron de Cosaques. Le général d'Hénin, convaincu trop tard de la justesse de mes observations, voulut enfin rejoindre la colonne. Mais nous avions parcouru le bois dans des directions si diverses que nous ne pouvions plus reconnaître notre chemin ; les feux que l'on voyait allumés de différents côtés servaient encore à nous égarer. Les officiers de mon régiment furent consultés, et l'on suivit la direction que le plus grand nombre d'entre eux indiqua. Je n'entreprendrai point de peindre tout ce que nous eûmes à souffrir pendant cette nuit cruelle. Je n'avais pas plus de 100 hommes, et nous nous trouvions à plus d'une lieue en arrière de notre colonne. Il fallait la rejoindre au milieu des ennemis qui nous entouraient. Il fallait marcher assez rapidement pour réparer le temps perdu, et assez en ordre pour résister aux attaques des Cosaques. L'obscurité de la nuit, l'incertitude de la direction que nous suivions, la difficulté de marcher à travers bois, tout augmentait notre embarras. Les Cosaques nous criaient de nous rendre, et tiraient à bout portant au milieu de nous ; ceux qui étaient frappés restaient abandonnés. Un sergent eut la jambe fracassée d'un coup de carabine. Il tomba à côté de moi, en disant froidement à ses camarades : *Voilà un homme perdu ; prenez mon sac, vous en profiterez.* On prit son sac, et nous l'abandonnâmes en silence. Deux officiers blessés eurent le même sort. J'observais cependant avec inquiétude l'impression que cette situation causait aux soldats et même aux officiers de mon régiment. Tel qui avait été un héros sur le champ de bataille, paraissait alors inquiet et troublé ; tant il est vrai que les circonstances du danger effraient souvent plus que le danger lui-même. Un très-petit nombre conservaient la présence d'esprit qui nous était si nécessaire. J'eus besoin de toute mon autorité pour maintenir l'ordre dans la marche, et pour empêcher chacun de quitter son rang. Un officier osa même faire entendre que nous serions peut-être forcés de nous rendre. Je le réprimandai à haute voix, et d'autant plus sévèrement que c'était un officier de mérite, ce qui rendait la leçon plus frappante. Enfin après plus d'une heure nous sortîmes du bois, et nous trouvâmes le Dniéper à notre gauche. La direction était donc assurée, et cette découverte donna aux soldats un moment de joie dont je profitai pour les encourager et leur recommander le sang-froid qui seul pouvait nous sauver. Le général d'Hénin nous remit en marche le long du fleuve pour empêcher l'ennemi de nous tourner. Nous étions loin d'être hors d'affaire ; nous n'avions plus de doutes sur notre direction, mais la plaine dans laquelle nous marchions permettait à l'ennemi de nous attaquer en masse et de se servir de son artillerie. Heureusement il faisait nuit, l'artillerie tirait un peu au hasard. De temps en temps les Cosaques s'approchaient avec de grands cris ; nous nous arrêtions alors pour les repousser à coups de fusil, et nous repartions aussitôt. Cette marche dura deux lieues dans des terrains difficiles, en franchissant des ravins si escarpés qu'il fallait les plus grands efforts pour remonter le bord opposé, et en passant des ruisseaux à demi gelés où l'on avait de l'eau jusqu'aux genoux. Rien ne put ébranler la constance des soldats ; le plus grand ordre fut toujours observé ; aucun homme ne quitta son rang. Le général d'Hénin, blessé d'un éclat de mitraille, n'en voulut rien dire pour ne pas décourager les soldats , et continua de s'occuper du commandement avec le même zèle. Sans doute on peut lui reprocher de s'être obstiné trop longtemps à défendre le bois du Dniéper ; mais, dans des moments si difficiles, l'erreur est pardonnable. Ce qu'on ne contestera pas du moins, c'est la bravoure et l'intelligence avec lesquelles il nous a guidés , tant qu'a duré cette marche périlleuse. La poursuite de l'ennemi se ralentit enfin; on découvrit quelques feux sur une hauteur en avant de nous. C'était l'arrière-garde du maréchal Ney, qui avait fait halte en cet endroit et qui se remettait en marche; nous nous réunîmes à elle, et nous apprîmes que le maréchal avait marché la veille sur l'artillerie ennemie et l'avait forcée de lui céder le passage.

Ce fut ainsi que le 4ᵉ régiment se tira d'une position presque désespérée. La marche continua encore une heure. Les soldats épuisés avaient besoin de repos ; on fit halte dans un village où l'on trouva quelques provisions.

Nous étions encore à 8 lieues d'Orcha , et le général Platow allait sans doute redoubler d'efforts pour nous enlever. Les moments étaient précieux : à une

heure du matin on battit la générale, et l'on partit.
Le village était en flammes ; l'obscurité de la nuit,
éclairée seulement par la lueur de l'incendie, répan-
dait autour de nous une teinte lugubre. Je regardai
tristement ce spectacle. La fatigue de la journée pré-
cédente et l'eau qui remplissait mes bottes, m'avaient
rendu toutes les souffrances que j'avais éprouvées
précédemment. Pouvant à peine marcher, je m'ap-
puyai sur le bras de M. Lalande, jeune officier de
voltigeurs. Sa conduite avait mérité quelques reproches au commencement de la campagne, et on lui
avait même refusé le grade de capitaine auquel son
ancienneté de lieutenant lui donnait des droits. Je
l'observais avec attention, et comme j'étais fort con-
tent de lui, je crus le moment venu de lui promettre
un dédommagement. Je lui témoignai donc ma satisfaction et mes regrets sur le retard qu'avait éprouvé
son avancement, en lui donnant ma parole qu'il serait
le premier capitaine nommé dans mon régiment. Il
me remercia avec la plus grande sensibilité et continua de redoubler de zèle, tant que ses forces répondirent à son courage. Ce malheureux jeune homme
a fini par succomber ; mais j'aime à penser que l'espérance que je lui avais donnée aura soutenu quelque
temps son courage et peut-être adouci l'horreur de
ses derniers moments.

Nous marchâmes jusqu'au jour sans être inquiétés. Aux premiers rayons du soleil les Cosaques reparurent, et bientôt le chemin que nous suivions nous conduisit dans une plaine. Le général Platow, voulant profiter de cet avantage, fit avancer sur des traîneaux cette artillerie que nous ne pouvions ni éviter ni atteindre ; et quand il crut avoir mis le désordre dans nos rangs, il ordonna une charge à fond. Le maréchal Ney forma rapidement en carré chacune de ses deux divisions ; la 2e, commandée par le général d'Hénin, se trouvant d'arrière-garde, était la première exposée. Nous fîmes prendre rang de force à tous les hommes isolés qui avaient encore un fusil ; il fallut employer les menaces les plus fortes pour en tirer parti. Les Cosaques, faiblement contenus par nos tirailleurs et chassant devant eux une foule de traînards sans armes, s'efforçaient d'atteindre le carré. Les soldats précipitaient leur marche à l'approche de l'ennnemi et sous le feu de son artillerie. Vingt fois je les vis sur le point de se débander et de fuir chacun de leur côté en se livrant avec nous à la merci des Cosaques. Mais la présence du maréchal Ney, la confiance qu'il inspirait, son attitude calme au moment d'un tel danger les retint dans le devoir. Nous atteignîmes une hauteur : le maréchal ordonna au général d'Hénin de s'y maintenir, en ajoutant qu'il fallait savoir mourir là pour l'honneur de la France. Pendant ce temps le général Ledru marchait sur (1) Jokubow, village adossé à un bois. Quand il y fut établi, nous allàmes l'y joindre; les deux divisions prirent position en se flanquant mutuellement. Il n'était pas encore midi, et le maréchal Ney déclara qu'il défendrait ce village jusqu'à 9 heures du soir. Le général Platow tenta vingt fois de nous enlever; ses attaques furent constamment repoussées, et fatigué de tant de résistance, il prit position lui-même vis-à-vis de nous.

Le maréchal avait envoyé dès le matin un officier polonais qui parvint à Orcha et y donna de nos nouvelles. L'empereur en était parti la veille; le vice-roi et le maréchal Davoust occupaient encore la ville.

A 9 heures du soir, nous prîmes les armes et nous nous mîmes en marche dans le plus grand silence. Les postes de Cosaques placés sur la route se replièrent à notre approche. La marche continua avec beaucoup d'ordre. A une lieue d'Orcha, l'avant-garde rencontra un poste avancé. On lui répondit en français. C'était une division du 4ᵉ corps qui venait à notre secours avec le vice-roi. Il faudrait avoir passé trois jours entre la vie et la mort pour juger de

---

¹ Ainsi nommé dans le rapport de Platow. Ce doit être Teolino.

la joie que nous causa cette rencontre. Le vice-roi nous reçut avec une vive émotion. Il témoigna hautement au maréchal Ney l'admiration que lui causait sa conduite. Il félicita les généraux et les deux seuls colonels qui restaient (1). Ses aides-de-camp nous entourèrent en nous accablant de questions sur les détails de ce grand drame et sur la part que chacun y avait prise. Mais le temps pressait; au bout de peu d'instants il fallut repartir pour Orcha. Le vice-roi voulut faire notre arrière-garde; à 5 heures du matin nous entrâmes dans la ville. Quelques maisons assez misérables du faubourg nous servirent d'asile. On promit des distributions pour le lendemain, et il nous fut enfin permis de prendre un peu de repos.

Ainsi se termina cette marche hardie, l'un des plus curieux épisodes de la campagne. Elle couvrit de gloire le maréchal Ney, et le 5ᵉ corps lui dut son salut, si l'on peut donner le nom de corps d'armée à 8 ou 900 hommes qui arrivèrent à Orcha, reste des 6,000 qui avaient combattu à Krasnoi.

[1] Le colonel Pelleport, du 18ᵉ, et moi.

# CHAPITRE VI

RETRAITE D'ORCHA A LA BÉRÉZINA [1].

Mouvements des autres corps. — Progrès de la désorganisation dans l'armée. — Marche d'Orcha à Vezélovo. — Mouvements des trois armées russes. — Réunion des 2e, 6e et 9e corps à la grande armée. — Passage de la Bérézina. — Affaire du 28 novembre.

Pendant que le 3e corps soutenait la terrible lutte que je viens de raconter, l'empereur avait marché rapidement sur Orcha, toujours poursuivi par les troupes légères des Russes. Le détail de ce mouvement n'offre d'intéressant que la mort funeste de 300 hommes du 1er corps, brûlés à Lyady dans une grange où ils avaient passé la nuit. Ces malheureux, en voulant se sauver, s'accrochèrent tellement les uns aux autres, qu'aucun d'eux ne put sortir. Tous périrent; un seul respirait encore, et l'on fut obligé

[1] PLANCHES I et XIV. — Bérézina.

pour l'achever de lui tirer deux coups de fusil.

J'ai dit, à la fin du troisième chapitre, dans quelle situation se trouvait l'armée, et combien il était nécessaire de prévenir les Russes au passage de la Bérézina ; aussi Napoléon, sans s'arrêter à Orcha, suivit la route de Borisow. Cette ville est située sur la Bérézina à 50 lieues d'Orcha ; la division Dombrowski y était établie pour garder le pont.

Ici commence pour le 5ᵉ corps une époque nouvelle. On vient de voir ce corps d'armée chargé seul de l'arrière-garde depuis Viasma, c'est-à-dire, pendant un intervalle de 18 jours et une distance de 60 lieues. Réuni maintenant à la grande armée et marchant dans ses rangs, le 5ᵉ corps n'aura plus à partager que les fatigues et les privations communes.

A peine avions-nous pris 5 heures de repos à Orcha, qu'on voulut songer aux distributions ; mais nous devions encore être privés de cette faible ressource. Les Russes, parvenus sur l'autre bord du Dniéper, commencèrent à incendier la ville avec des obus ; les bâtiments où étaient les magasins se trouvaient fort en vue et servaient de points de mire. Il devint impossible de faire aucune distribution régulière ; quelques soldats rapportèrent de l'eau-de-vie et de la farine au péril de leur vie ; et le maréchal Davoust, maintenant chargé de l'arrière-garde, pressa notre départ. A 8 heures du matin, nous étions sur la route de Borisow.

Cette route est une des plus belles que l'on puisse voir, et sa largeur permettait de faire marcher de front plusieurs colonnes. Pour la première fois n'ayant point à songer à l'ennemi, j'observai la situation de mon régiment : à peine me restait-il 80 hommes, et comment espérer de conserver ce petit nombre de soldats, auxquels on ne pouvait donner un instant de repos? Je remarquais avec douleur le mauvais état de leur habillement et de leur chaussure, leur maigreur et l'air d'abattement répandu sur leur visage. Les autres régiments du 3ᵉ corps étaient peut-être encore en plus mauvais état que le mien. Le manque de vivres seul aurait suffi pour détruire l'armée, quand toutes les autres calamités ne s'y seraient pas jointes. Depuis longtemps les provisions de Moscou étaient consommées; les charrettes qui les portaient, abandonnées; les chevaux, morts sur la route. On a vu jusqu'à présent quelle part nous avions eue aux distributions qui d'ailleurs n'eurent lieu qu'à Smolensk et à Orcha. Quant aux ressources du pays, on peut juger de ce qui restait dans les lieux que les troupes qui nous précédaient venaient de traverser. Aussi vivions-nous d'une manière miraculeuse, tantôt avec de la farine détrempée dans l'eau sans sel, tantôt avec un peu de miel ou quelques morceaux de chair de cheval et sans autre boisson que la neige fondue. En approchant de Wilna, nous trouvâmes une espèce de boisson faite avec des betteraves. La rigueur du froid était fort diminuée ; on se rappelle que nous avions trouvé le Dniéper à peine gelé, et pourtant ce changement de température ne nous fut d'aucun avantage, car le demi-dégel ne faisait que rendre le terrain glissant, ce qui usait la chaussure et augmentait la fatigue. Je rencontrai à quelque distance d'Orcha M. Lanusse, capitaine de mon régiment, qui avait perdu la vue par un coup de feu à la prise de Smolensk ; une cantinière de sa compagnie le conduisait et en prenait le plus grand soin. Il me raconta qu'après avoir été pris et pillés par les Cosaques à Krasnoi, ils avaient trouvé moyen de s'échapper, et qu'ils allaient s'efforcer de nous suivre. Peu de temps après, on les trouva sur la route morts et dépouillés.

Les autres corps d'armée avec lesquels nous marchions avaient perdu moins d'hommes que nous ; mais leur misère était aussi grande, et leur désorganisation aussi complète. A cet égard la jeune garde ne se distinguait pas du reste de l'armée. Depuis longtemps la cavalerie n'existait plus. Napoléon réunit les officiers qui avaient encore un cheval pour en former autour de lui des espèces de gardes du corps, dont les colonels étaient sous-officiers et les généraux officiers. Ce corps, auquel il a lui-même donné le nom d'*escadron sacré*, était sous les ordres immédiats du roi de Naples; mais les malheurs de la retraite empêchèrent d'en tirer parti; il fut dispersé aussitôt que réuni.

En cinq jours de marche, l'armée atteignit les bords de la Bérézina. Nous retrouvâmes à Tolotschin le grand quartier-général. L'empereur félicita le maréchal Ney sur son expédition du Dniéper; il lui parla ensuite avec beaucoup de calme des dangers qui attendaient l'armée au passage de la Bérézina et dont il ne se dissimulait pas l'étendue. Nous passâmes deux nuits à couvert dans les petites villes de Bobr et de Natcha. Je n'en dirai pas autant de Némonitsa, village à une lieue en arrière de Borisow; le voisinage de la Bérézina y causait un grand encombrement, et les soldats de tous les corps d'armée s'entassaient pêle-mêle avec les blessés. Un général, dont j'ignore le nom, logeait dans une assez bonne maison. Le major de mon régiment imagina de lui demander l'hospitalité pour nous; il la refusa, ce qui était immanquable, et le major, très-mécontent de ce refus, s'emporta au point de menacer de mettre le feu à la maison, tant l'indiscipline était poussée loin à cette époque! Je réprimandai fortement mon major, et après avoir fait en son nom des excuses au général, je passai la nuit avec les officiers de mon régiment entre les quatre murs d'une chaumière, dont la toiture avait été enlevée.

Avant de raconter le passage de la Bérézina, il est nécessaire de dire un mot de la situation générale de l'armée et de celle de l'ennemi.

On a vu à la fin du troisième chapitre que le général Wittgenstein avait pris Polotzk le 18 octobre, et que le 2ᵉ corps, chassé de sa position sur le Dniéper, se rapprochait de la route que nous suivions. Aussitôt que le duc de Bellune fut arrivé avec le 9ᵉ et eut relevé le 2ᵉ, le duc de Reggio vint prendre position à Bobr. Le duc de Bellune, après une affaire indécise à Tchasniki le 14 novembre, contint le général Wittgenstein jusqu'au 22, et commença ensuite son mouvement rétrograde pour se rapprocher de la grande armée.

D'un autre côté l'amiral Tchitchagoff, venant de la Moldavie, surprit la ville de Minsk le 16 novembre et s'empara de tous les magasins qu'on y avait réunis. Son avant-garde enleva le pont de Borisow le 21, malgré la vive résistance du général Dombrowski, passa la Bérézina et se porta au-devant de l'empereur sur la route d'Orcha. Le duc de Reggio marcha à la rencontre des Russes, les repoussa jusqu'à Borisow et les rejeta de l'autre côté de la Bérézina, dont ils brûlèrent le pont. Enfin le général en chef Kutusow, qui nous suivait depuis Moscou avec la grande armée, continuait son mouvement sur notre flanc gauche, et combinait ses opérations avec celles des autres corps. Ainsi trois armées russes se préparaient à cerner l'armée française sur les bords de la Bérézina : l'armée de Moldavie, placée sur la rive opposée, en empêchant le passage ; le corps du général Wittgenstein, en pressant l'arrière-garde par la droite et la repoussant sur le centre ; la grande armée, en appuyant le même mouvement par la gauche. A des attaques aussi formidables, se joignaient l'impossibilité de faire vivre les troupes françaises réunies dans un très-petit espace, la nécessité de construire un pont sur la Bérézina en présence de l'ennemi, enfin la fatigue et l'épuisement de notre armée. Cependant la réunion des 2e et 9e corps, celui-ci presque intact, celui-là beaucoup mieux conservé que les nôtres, devait nous être d'un grand secours ; il nous restait encore 50,000 combattants, 5,000 cavaliers, une artillerie nombreuse, le génie de l'empereur et le courage que donne le désespoir. D'ailleurs la lenteur de la poursuite de la grande armée

russe la mettait hors de ligne, puisque le général
Kutusow passait seulement le Dniéper à Kopis le
26 novembre, tandis que dès le 25 toute l'armée
française se trouvait réunie sur les bords de la Bérézina à trois jours de marche en avant de lui. Il s'a-
gissait donc de forcer le passage de la rivière assez
rapidement pour ne point être atteint par le général
Kutusow, et n'avoir, par conséquent, à combattre
que deux armées au lieu de trois. Le 2ᵉ corps, placé
à Borisow, devait tenter le passage ; le 9ᵉ, retarder la
marche du général Wittgenstein sur la rive gauche ;
les autres corps, trop épuisés pour pouvoir rien entreprendre, reçurent l'ordre de marcher entre le 2ᵉ et
le 9ᵉ ; la garde impériale était la dernière ressource.

Dès le 24, l'empereur s'occupait de chercher un
passage. On ne pouvait le tenter à Borisow même,
car il eût fallu construire et traverser un pont sous le
feu des batteries ennemies qui bordaient la rive opposée. Au-dessous de Borisow à Ucholoda, nous
nous serions rapprochés du général Kutusow, qu'il
était si important d'éviter. A trois lieues au-dessus
de Borisow au contraire, au village de Vésélovo, le
terrain nous favorisait; les hauteurs de notre côté
dominaient la rive opposée, et le passage pouvait être
tenté sur ce point, d'autant mieux qu'on trouvait de
l'autre côté la route de Zembin, par laquelle on ra-

mènerait l'armée à Wilna. Napoléon prit ce dernier parti : la journée du 25 fut employée à faire des démonstrations de passage à Ucholoda et surtout à Borisow. L'amiral Tchitchagoff, n'ayant en tout que 20,000 hommes d'infanterie, ne pouvait occuper en force tous les points du passage ; il porta sa principale attention sur Borisow et sur les points au-dessous de cette ville, par où le général Kutusow l'assurait que l'armée française devait se diriger. Cependant dans la nuit du 25 au 26, le 2ᵉ corps se porta à Vésélovo ; l'empereur y arriva le 26 à la pointe du jour. Quelques cavaliers avec des voltigeurs en croupe passèrent à la nage et attaquèrent les avant-postes russes. Aussitôt, 30 pièces de canon furent établies sur les hauteurs qui dominaient la rive opposée pour empêcher l'ennemi de s'y établir. Sous la protection de cette artillerie, les pontonniers, enfoncés dans l'eau glacée, travaillèrent à la construction de deux ponts qu'ils terminèrent avant la nuit. Le 2ᵉ corps passa et repoussa les Russes sur la route de Borisow ; les autres corps d'armée le suivirent. Le 3ᵉ corps arriva le soir à Vésélovo, et passa la Bérézina un peu avant le jour. Beaucoup d'hommes restèrent sur la rive gauche, croyant passer plus facilement le lendemain matin ; les autres se dispersèrent sur les marais à demi gelés qui bordaient la rive droite, cherchant vainement un abri contre la rigueur du froid.

Au point du jour, le 3e corps se reforma et prit position derrière le 2e, dans un bois que traverse la route. La journée se passa tranquillement. Tchitcha-goff, instruit du passage de notre armée, réunissait ses troupes pour nous attaquer, pendant que les 1er, 4e et 5e corps, l'empereur et la garde impériale, les parcs d'artillerie et les bagages passaient sans dis-continuer sur les ponts qui se rompaient à chaque instant. Le passage s'effectua d'abord avec assez d'ordre; mais la foule grossissait sans cesse, et la confusion devint bientôt telle que les troupes se virent obligées d'employer la force pour se faire jour.

Le froid avait repris de nouveau; la neige tom-bait avec violence, et les feux que nous allumions pouvaient à peine nous réchauffer. Je n'en résolus pas moins d'employer utilement cette journée. Depuis Smolensk, je n'avais eu ni le temps ni le courage d'observer de près la destruction de mon régiment. Ce jour-là, je me décidai à entrer dans ces tristes détails. J'appelai près de moi les officiers et j'en fis l'appel avec la liste que j'avais apportée de Moscou; mais que de changements depuis cette époque! De 70 officiers à peine en restait-il 40, et la plupart étaient malades ou épuisés de fatigue. Je m'entretins longtemps avec eux de notre situation présente; je donnai à plusieurs les éloges que méritait leur conduite vraiment héroïque; j'en réprimandai d'autres qui montraient plus de faiblesse, et je leur promis surtout de chercher toujours à les encourager par mon exemple. Presque tous les cadres de compagnies avaient été détruits à Krasnoi, ce qui rendait la discipline beaucoup plus difficile. Je formai deux pelotons des soldats qui restaient : le premier composé des grenadiers et voltigeurs, le second des compagnies du centre. Je désignai les officiers qui devaient les commander, et j'ordonnai aux autres de prendre chacun un fusil et de marcher toujours avec moi à la tête du régiment. J'étais moi-même au bout de mes dernières ressources; je n'avais plus qu'un cheval; mon dernier porte-manteau fut perdu au passage de la Bérézina, il ne me resta que ce que j'avais sur le corps, et nous étions encore à 50 lieues de Wilna, à 80 du Niémen; mais je comptais pour peu mes souffrances et mes privations personnelles au milieu de tant de malheurs. Le maréchal Ney avait tout perdu comme nous : ses aides-de-camp mouraient de faim, et je me souviens avec reconnaissance qu'ils eurent plus d'une fois la bonté de partager avec moi le peu de vivres qu'ils pouvaient se procurer.

Ce même soir, le 9e corps éprouva sur la rive

droite un événement bien funeste. Le duc de Bellune était arrivé le 26 à Borisow, toujours suivi par
le général Wittgenstein. Il vint prendre position le
27 sur les hauteurs de Vésélovo pour protéger le
passage et l'effectuer lui-même. La division Partonneaux, qui faisait son arrière-garde, fut laissée à
Borisow avec ordre de venir le joindre la nuit. Ce
général, n'ayant point de guide et trompé, à ce qu'il
paraît, par les feux de l'ennemi, prit une fausse route,
tomba au milieu des troupes du général Wittgenstein et fut pris avec toute sa division, forte de
4,000 hommes. Wittgenstein, n'ayant plus rien qui
l'arrêtât, marcha rapidement sur Vésélovo.

Le lendemain 28, le combat s'engagea vivement
des deux côtés de la rivière. L'amiral Tchitchagoff
sur la rive gauche, le général Wittgenstein sur la
rive droite, réunirent leurs efforts pour repousser nos
troupes et les précipiter dans la Bérézina. On ne
pouvait opposer aux attaques de l'amiral que le
2e corps et une partie du 5e ; trois faibles bataillons
placés sur la grande route servaient de réserve ; c'était
ce qui restait des 1er, 3e et 8e corps. Le combat se
soutint quelque temps ; mais le 2e corps, pressé par
des forces supérieures, commençait à plier. Nos ré-
serves, atteintes de plus près par les boulets, se portèrent en arrière. Ce mouvement fit fuir tous les

isolés qui remplissaient le bois, et qui, dans leur frayeur, coururent jusqu'au pont. La jeune garde elle-même fut ébranlée. Bientôt il n'y avait plus de salut que dans la vieille garde; nous étions prêts à vaincre ou à mourir avec elle. En un instant tout changea de face, et les lieux qui devaient être le tombeau de la grande armée, furent les témoins de son dernier triomphe. Le duc de Reggio, après une héroïque résistance, venait d'être blessé; le maréchal Ney le remplaça aussitôt. L'illustre guerrier qui avait sauvé le 5e corps à Krasnoi, sauva sur les bords de la Bérézina l'armée tout entière et l'empereur lui-même. Il rallia le 2e corps et reprit hardiment l'offensive. Son expérience guidait les généraux, comme son courage animait les soldats. Les cuirassiers de Doumerc enfoncèrent les carrés, enlevèrent des pièces de canon. L'infanterie française et polonaise seconda leurs efforts; 4,000 prisonniers et 5 pièces de canon furent le prix de la victoire. Nous accueillîmes avec transport les braves soldats qui conduisaient ces brillants trophées. Leur valeur décida de la journée. Tchitchagoff, qui ne s'attendait plus à trouver des ennemis si redoutables, ne renouvela pas ses attaques. La nuit vint; le 2e corps garda sa position; les autres corps rentrèrent dans le bois et reprirent leurs bivouacs. Cette nuit fut aussi pénible que les précédentes; mais ce n'était plus nous qu'il fallait plaindre; c'étaient les malheureux restés sur l'autre rive.

Le désordre avait été toujours en croissant pendant la journée et la nuit du 27. Le 28 au matin, le pont destiné aux voitures se rompit tout à fait; l'artillerie et les bagages se portèrent sur le pont destiné à l'infanterie et s'y ouvrirent de force un passage. Il ne restait de troupes sur cette rive que les deux divisions du 9e corps; mais une multitude innombrable de fourgons, de voitures de toute espèce, de soldats isolés et d'individus non combattants, parmi lesquels se trouvaient beaucoup de femmes et d'enfants. On avait ordonné expressément que le passage fût d'abord réservé aux troupes; les voitures ainsi que les blessés, les malades et autres individus que l'armée traînait après elle, devaient passer ensuite, protégés par le 9e corps qui fermait la marche. Mais le général Wittgenstein, ayant, comme on l'a dit, enlevé la division Partonneaux tout entière, attaqua le duc de Bellune le 28 au matin près de Vésélovo, et renouvela de ce côté les efforts que faisait l'amiral sur l'autre rive. Le duc de Bellune déploya dans sa résistance tout ce que peuvent inspirer le talent et la valeur; mais, pressé par des forces supérieures, il ne pouvait empêcher les progrès de l'ennemi. Vers le soir, l'artillerie russe, prenant une position avantageuse, fit feu sur cette masse confuse qui couvrait la plaine. Le désordre fut alors à son comble; les chevaux et les voitures passaient sur le corps des hommes qu'ils renversaient. Chacun ne pensant qu'à son propre salut, cherchait pour se frayer un passage à abattre son voisin à ses pieds ou à le jeter dans la rivière. Au milieu de cette confusion, les boulets de canon frappaient ceux qui se soutenaient encore et brisaient les voitures; un grand nombre d'hommes périt sur le pont; d'autres essayant de passer à la nage se noyèrent au milieu des glaçons. Il était nuit; le 9e corps se défendait encore. Bientôt, repliant successivement ses troupes, le duc de Bellune se fit jour jusque sur le pont, le passa précipitamment et y mit le feu; les morts et mourants qui le couvraient furent engloutis dans les flots, et tous ceux qui étaient sur l'autre bord tombèrent au pouvoir de l'ennemi, ainsi que les bagages, beaucoup d'artillerie, les voitures des particuliers, les trophées de Moscou, enfin tout ce qui avait échappé aux désastres précédents. Plus de 15,000 hommes périrent ou furent pris dans cette affreuse journée.

# CHAPITRE VII



Premiers jours de marche. — Impossibilité de former une arrière-garde. — Les restes du 3ᵉ corps rejoignent le quartier-général. — Départ de l'empereur. — Nouvelle rigueur du froid. — L'armée arrive à Wilna.

La Bérézina était passée et le projet des Russes avait échoué ; mais la déplorable situation de l'armée rendait de plus en plus difficile de résister à de nouvelles attaques. Les 2ᵉ et 9ᵉ corps, qui s'étaient sacrifiés pour nous ouvrir le passage de la Bérézina, se trouvaient presqu'en aussi mauvais état que nous, et le salut de l'armée ne dépendait que de la rapidité de sa fuite. Aussi cette partie de la retraite, la plus désastreuse de toutes, n'offre-t-elle qu'une marche précipitée ou plutôt une longue déroute sans aucune opération militaire. On espérait rallier l'armée à Wilna, sous la protection de quelques troupes fraîches qui s'y trouvaient. Nous en étions encore à 54 lieues par le chemin de traverse de Zembin qui rejoint la grande route à Molodetschno ; l'on suivit cette direction.

Dès le 28, lorsque l'attaque de Tchitchagoff eut été repoussée, Napoléon quitta les bords de la Bérézina, et se porta à Zembin avec la garde et les 1$^{er}$, 4$^e$ et 5$^e$ corps. Le 29, au matin, les 2$^e$ et 9$^e$ commencèrent leur retraite, suivis par le 3$^e$. La route de Zembin est une chaussée élevée sur des marais et construite en bois, comme plusieurs autres de ce pays ; quelques ponts très-longs traversent des courants d'eau qui se jettent dans la Bérézina. Cette disposition de terrain rendait la marche pénible et lente ; car les marais n'étant qu'à demi gelés, il fallait que la colonne entière défilât sur cette chaussée souvent très-étroite ; mais on se consolait de cet inconvénient en pensant que si l'ennemi, moins occupé de défendre la route de Minsk, eût porté plus d'attention sur celle de Wilna, il lui aurait suffi de brûler un des ponts pour nous engloutir tous dans les marais. Après avoir passé un de ces défilés, le 3$^e$ corps s'arrêta quelque temps pour se rallier. Là je vis passer pêle-mêle des officiers de tous grades, des soldats, des domestiques, quelques cavaliers traînant avec peine leurs chevaux, des blessés et écloppés se soutenant mutuellement. Chacun racontait la manière miraculeuse dont il avait échappé au désastre de la Bérézina, et se félicitait d'avoir pu sauver sa vie en abandonnant tout ce qu'il possédait. Je remarquai un officier italien respirant à peine et porté par deux soldats que sa femme accompagnait. Vivement touché de la douleur de cette femme et des soins qu'elle rendait à son mari, je lui donnai ma place auprès d'un feu qu'on avait allumé. Il fallait toute l'illusion de sa tendresse pour ne pas s'apercevoir de l'inutilité de ses soins. Son mari avait cessé de vivre, et elle l'appelait encore jusqu'au moment où, ne pouvant plus douter de son malheur, elle tomba évanouie sur son corps. Tels étaient les tristes spectacles que nous avions journellement sous les yeux, quand nous nous arrêtions un instant, sans compter les querelles des soldats qui se battaient pour un morceau de cheval ou un peu de farine; car depuis longtemps le seul moyen de conserver sa vie était d'arracher de force les provisions à ceux qui les portaient ou de profiter d'un moment de sommeil pour les leur enlever. Ce même jour, j'appris la mort de M. Alfred de Noailles, aide de-camp du prince de Neuchâtel, qui avait été tué la veille auprès du duc de Reggio. Jusqu'à ce moment je n'avais perdu aucun de mes amis, et j'en éprouvai une douleur bien vive. Le maréchal Ney, à qui j'en parlai, me dit pour toute consolation que *c'était apparemment son tour*, *et qu'enfin il valait mieux que nous le regrettions que s'il nous regrettait*. Dans de pareilles occasions il témoignait toujours la même insensibilité ; une autre fois je lui entendis répondre à un malheureux blessé qui lui demandait de le faire emporter : *Que veux-tu que j'y fasse ? tu es une victime de la guerre ;* et il passa son chemin. Ce n'est pas assurément qu'il fût méchant ni cruel ; mais l'habitude des malheurs de la guerre avait endurci son cœur. Pénétré de l'idée que tous les militaires devaient mourir sur le champ de bataille, il trouvait tout simple qu'ils remplissent leur destinée, et l'on a vu d'ailleurs dans ce récit qu'il ne faisait pas plus de cas de sa vie que de celle des autres.

Le 3e corps arriva le 29 à Zembin et le 30 à Kamen. A peine la marche était-elle commencée, que le duc de Bellune déclarait ne pouvoir plus faire l'arrière-garde. Il essaya même de passer en avant et de laisser le 3e corps exposé aux attaques de l'avant-garde russe, ce qui causa une discussion assez vive entre lui et le maréchal Ney. On eut recours à l'autorité de Napoléon, qui ordonna au duc de Bellune (1) de rester à l'arrière-garde et de protéger la retraite.

¹ Le 2 décembre.

Mais ce qui venait de se passer donnait peu de confiance en l'appui du 9e corps ; aussi le maréchal Ney
voulut-il éloigner du danger les restes du 3e, c'est-à-
dire, quelques officiers et les aigles des régiments.
On réunit sous le commandement d'un capitaine (1)
les soldats en état de combattre ; à peine s'en
trouva-t-il cent. Cette troupe fut destinée à servir d'escorte au maréchal. Tout le reste partit de
Kamen à minuit sous les ordres du général Ledru,
pour s'efforcer de rejoindre l'empereur, afin de marcher avec la garde impériale et sous sa protection. Il
fallait d'autant plus se hâter que le quartier-général
avait un jour d'avance sur nous et marchait à grandes journées. Aussi, pendant deux jours et trois
nuits nous marchâmes presque sans nous arrêter,
et quand l'excès de la fatigue nous forçait de prendre
un instant de repos, nous nous réunissions tous
dans une grange avec les aigles des régiments et
quelques soldats encore armés qui veillaient à leur
défense. Bientôt on donna l'ordre de briser les aigles
et de les enterrer ; je ne pus y consentir. Je fis brûler
le bâton et mettre l'aigle dans le sac d'un des porte-
aigles, à côté duquel je marchais constamment. On
avait en même temps renouvelé l'ordre déjà donné

1 M. Delachau, capitaine au 4e régiment, depuis colonel du 29e.

aux officiers de s'armer de fusils. Cet ordre était inexécutable; les officiers, malades et exténués, n'avaient plus la force de se servir d'une arme. Plusieurs succombèrent pendant ce trajet; l'un d'eux, qui venait de se marier en France, fut trouvé mort auprès d'un feu, tenant le portrait de sa femme fortement serré contre son cœur. Peu s'en fallut même que nous ne fussions tous enlevés par les Cosaques dans la petite ville d'Ilüa. Un bataillon de la vieille garde, qui heureusement était resté avec le comte de Lobau pour garder la position, nous aida à nous en débarrasser. Le 5, nous rejoignîmes le quartier-général entre Ilüa et Molodetschno; mais ce quartier-général, si brillant au commencement de la guerre, était devenu méconnaissable. La garde marchait en désordre; on lisait sur la figure des soldats le mécontentement et la tristesse. L'empereur était en voiture avec le prince de Neuchâtel; un petit nombre d'équipages, de chevaux de main et de mulets échappés à tant de désastres suivaient la voiture. Les aides-de-camp de l'empereur, ainsi que ceux du prince de Neuchâtel, menaient par la bride leurs chevaux qui se soutenaient à peine. Quelquefois, pour prendre un peu de repos, ils s'asseyaient derrière la voiture. Au milieu de ce triste cortége, une foule d'écloppés de tous les régiments marchait sans

aucun ordre, et la forêt de sapins que nous traversions, en répandant une couleur sombre sur tout ce
tableau, semblait encore en augmenter l'horreur. Au
sortir de la forêt, nous arrivâmes à Molodetschno,
lieu de l'embranchement de la grande route de Minsk
à Wilna.

Il était de la plus grande importance pour nous
d'atteindre ce point avant que les Russes eussent pu
s'en emparer et nous fermer le passage. La rapidité
de notre marche prévint ce malheur; mais l'ennemi
ne cessait de nous harceler dans toutes les directions. Depuis la Bérézina, leurs trois armées avaient
continué de marcher sur trois routes différentes.
Tchitchagoff, avec l'armée de Moldavie, faisait
l'avant-garde et suivait la même route que nous;
Kutusow marchait sur notre flanc gauche; Wittgenstein sur notre flanc droit.

Le 6ᵉ corps, commandé par le général de Wrède,
s'était, après l'affaire de Polotzk, retiré successivement jusqu'à Doksistzy; il continua son mouvement
par Véléika et Nememzin sur Wilna. Cette marche
couvrait le flanc droit de l'armée; mais le 6ᵉ corps
était tellement détruit que l'on n'en pouvait attendre qu'un faible secours. Les Cosaques, tombant

¹ Planche I.

à l'improviste au milieu de notre colonne, massacraient presque sans défense tout ce qui se trouvait sous leur main. A Plechtchnitsy, le duc de Reggio, blessé, fut attaqué dans une maison de bois où il était logé ; un boulet de canon brisa le lit sur lequel il reposait et dont un des éclats lui fit une seconde blessure. Il ne dut son salut qu'à quelques officiers également blessés qui soutinrent un siége dans la maison jusqu'à l'arrivée des premières troupes françaises. A Chotaviski, à Molodetschno, le 9ᵉ corps, qui faisait l'arrière-garde, fut vivement attaqué et mis dans une déroute complète. Le duc de Bellune déclara même que ce serait là son dernier effort, et que dans l'état où étaient les troupes, il allait hâter sa marche, en évitant toute espèce d'engagement (1). Napoléon, ne pouvant plus rien entreprendre avec une armée tellement détruite, et craignant d'ailleurs l'effet qu'allait produire en Allemagne la nouvelle de ce désastre, se décida à quitter l'armée et à retourner en France, afin de demander de nouveaux secours pour continuer la guerre. Le moment était

' On a peine à comprendre l'illusion de l'empereur. Les 3 et 4 décembre, il indiquait dans ses ordres l'intention de faire reposer l'armée à Molodetschno ou à Smorghoni. Il parlait de distributions de vivres. Le 5, au moment de son départ, il ordonnait encore au roi de Naples de garder Wilna, ou du moins Kowno, comme tête de pont.

favorable; car l'occupation de Molodetschno venait de rouvrir la communication avec Wilna. Le 5 décembre il écrivit à Smorghoni le fameux 29e bulletin, et partit le soir même en traîneau avec le grand-maréchal, le grand-écuyer et le comte de Lobau, son aide-de-camp, laissant au roi de Naples le commandement de l'armée. Ce départ fut jugé diversement : les uns crièrent à l'abandon ; d'autres se consolèrent en pensant que l'empereur reviendrait bientôt à la tête d'une nouvelle armée pour nous venger. Le plus grand nombre le vit partir avec indifférence.

Dans la situation de l'armée cet événement était pour elle une nouvelle calamité. L'opinion que l'on avait du génie de l'empereur donnait de la confiance ; la crainte qu'il inspirait retenait dans le devoir. Après son départ chacun fit à sa tête, et les ordres que donna le roi de Naples ne servirent qu'à compromettre son autorité. J'ai raconté que les cadres du 3e corps avaient rejoint la garde impériale et marchaient sous sa protection. Dès le lendemain du départ de Napoléon, le roi de Naples voulut les envoyer à l'arrière-garde. Le général Ledru lui tint tête et continua sa marche malgré lui. La division Loison, forte de 10,000 hommes, ainsi que deux régiments napolitains, étaient venus de Wilna prendre position à Oszmiana pour protéger la retraite de l'armée. En deux jours de bivouac, sans un seul combat, le froid les réduisit presqu'au même point que nous; le mauvais exemple des autres régiments acheva de les désorganiser; ils furent entraînés dans la déroute générale, et tous les débris de l'armée vinrent se jeter pêle-mêle dans Wilna.

Il est inutile à cette époque de raconter en détail chaque journée de marche; ce ne serait que répéter le récit des mèmes malheurs. Le froid, qui semblait ne s'être adouci que pour rendre plus difficile le passage du Dniéper et de la Bérézina, avait repris avec plus de force que jamais. Le thermomètre baissa d'abord à 15 et 18, ensuite à 20 et 25, et la rigueur de la saison acheva d'accabler des hommes déjà à demi morts de faim et de fatigue. Je n'entreprendrai point de peindre les spectacles que nous avions sous les yeux. Qu'on se représente des plaines à perte de vue couvertes de neige, de longues forêts de pins, des villages à demi brûlés et déserts, et à travers ces tristes contrées une immense colonne de malheureux, presque tous sans armes, marchant pêle-mêle et tombant à chaque pas sur la glace auprès des carcasses des chevaux et des cadavres de leurs compagnons. Leurs figures portaient l'empreinte de l'acca-

blement ou du désespoir ; leurs yeux étaient éteints ;
leurs traits décomposés et entièrement noirs de crasse
et de fumée. Des peaux de mouton, des morceaux
de drap leur tenaient lieu de souliers ; ils avaient
la tête enveloppée de chiffons, les épaules revêtues
de couvertures de chevaux, de jupons de femmes,
de peaux à demi-brûlées. Aussi, dès que l'un
d'eux tombait de fatigue, ses camarades le dé-
pouillaient avant sa mort pour se revêtir de ses haillons. Chaque bivouac ressemblait le lendemain à
un champ de bataille, et l'on trouvait morts à côté
de soi ceux auprès desquels on s'était couché la
veille. Un officier de l'avant-garde russe, témoin de
ces scènes d'horreur que la rapidité de notre fuite
nous empêchait de bien observer, en a fait un tableau après lequel il n'y a rien à ajouter : « La route
« que nous parcourions, dit-il, était couverte de
« prisonniers que nous ne surveillions plus et qui
« étaient livrés à des souffrances inconnues jusque
« alors ; plusieurs se traînaient encore machinale-
« ment le long de la route avec leurs pieds nus et
« à demi gelés ; les uns avaient perdu la parole ;
« d'autres étaient tombés dans une sorte de stupi-
« dité sauvage et voulaient malgré nous faire rôtir
« des cadavres pour les dévorer. Ceux qui étaient
« trop faibles pour aller chercher du bois, s'arrê-

« taient auprès du premier feu qu'ils trouvaient ; là,

« s'asseyant les uns sur les autres , ils se tenaient

« serrés autour de ce feu , dont la faible chaleur les

« soutenait encore, et le peu de vie qui leur restait

« s'éteignait en même temps que lui. Les maisons et

« les granges auxquelles ces malheureux avaient

« mis le feu, étaient entourées de cadavres; car ceux

« qui s'en approchaient n'avaient pas la force de

« fuir les flammes qui arrivaient jusqu'à eux ; et

« bientôt on en voyait d'autres avec un rire convul-

« sif se précipiter volontairement au milieu de l'in-

« cendie qui les consumait à leur tour (1). »

' On ne finirait pas si l'on voulait raconter toutes les anecdotes horribles, touchantes, et souvent incroyables qui signalèrent cette funeste époque.

Un général , épuisé de fatigue , était tombé sur la route. Un soldat, en passant, commença à lui ôter ses bottes ; celui-ci, se soulevant avec peine, le pria d'attendre au moins qu'il fût mort pour le dépouiller : *Mon général, répondit le soldat, je ne demanderais pas mieux ; mais un autre va les prendre ; il vaut autant que ce soit moi ;* et il continua.

Un soldat était dépouillé par un autre ; il lui demanda de le laisser mourir en paix. *Excusez, camarade,* répondit l'autre , *j'ai cru que vous étiez mort ;* et il passa son chemin.

Quelquefois même une affreuse ironie se joignait à l'égoïsme ou à la cruauté. Deux soldats entendirent un officier, malade et étendu par terre, qui les appelait à son secours, et qui se disait officier de génie. *Comment ! c'est un officier de génie ?* dirent-ils en s'arrêtant. *Oui, mes amis,* dit l'officier. *Eh bien ! tire ton plan,* reprit l'un des soldats ; et ils le laissèrent.

Cependant, pour la consolation de l'humanité, quelques traits

Au milieu de si horribles calamités, la destruction de mon régiment me causait une douleur bien vive. C'était là ma véritable souffrance, ou pour mieux dire, la seule ; car je n'appelle pas de ce nom la faim, le froid et la fatigue. Quand la santé résiste aux souffrances physiques, le courage apprend bientôt à les mépriser, surtout quand il est soutenu par l'idée de Dieu, par l'espérance d'une autre vie ; mais j'avoue que le courage m'abandonnait en voyant succomber sous mes yeux des amis, des compagnons d'armes, qu'on appelle, à si juste titre, la famille du

sublimes de dévouement venaient contraster avec tant d'égoïsme et d'insensibilité. On a cité surtout celui d'un tambour du 7ᵉ régiment d'infanterie légère ; sa femme, cantinière au régiment, tomba malade au commencement de la retraite ; le tambour la conduisit tant qu'ils eurent une charrette et un cheval. A Smolensk, le cheval mourut ; alors il s'attela lui-même à la charrette, et traîna sa femme jusqu'à Wilna. En arrivant dans cette ville, elle était trop malade pour aller plus loin, et son mari resta prisonnier avec elle.

Une cantinière du 33ᵉ régiment était accouchée en Prusse, avant le commencement de la campagne ; elle suivit jusqu'à Moscou son régiment, avec sa petite fille qui avait six mois au moment du départ de Moscou. Cette enfant vécut pendant la retraite d'une manière miraculeuse ; sa mère ne la nourrissait qu'avec du boudin de sang de cheval ; elle était enveloppée d'une fourrure prise à Moscou, et souvent nu-tête. Deux fois elle fut perdue ; et on la retrouva, d'abord dans un champ, puis dans un village brûlé, couchée sur des matelas. Sa mère passa la Bérézina à cheval, ayant de l'eau jusqu'au cou, tenant d'une main la bride, et de l'autre son enfant sur sa tête. Ainsi, par une suite de prodiges, cette petite fille acheva la retraite sans accidents, et ne fut pas même enrhumée.

colonel, et qu'il semble n'avoir été appelé à commander que pour présider à leur destruction. Rien n'attache autant que la communauté de malheurs ; aussi ai-je toujours retrouvé en eux le même attachement et le même intérêt qu'ils m'inspiraient. Jamais un officier ou un soldat n'eut un morceau de pain sans le venir partager avec moi. Cette réciprocité de soins n'était point particulière à mon régiment, on la retrouvait dans l'armée entière, dans cette armée où l'autorité était si paternelle, et où la subordination se fondait presque toujours sur l'attachement et la confiance. On a dit qu'à cette époque les supérieurs étaient méconnus et maltraités ; cela ne doit s'entendre tout au plus que des étrangers ; car dans l'intérieur d'un régiment, jamais un colonel n'a cessé d'être respecté autant qu'il avait droit de l'être. Le seul moyen d'adoucir tant de maux était de marcher réunis, de s'aider et de se secourir mutuellement. C'est ainsi que nous avancions vers Wilna, comptant chaque pas qui nous en rapprochait, logeant tous entassés dans de misérables cabanes près du quartier-général, arrivant la nuit, partant avant le jour. Un tambour du 24ᵉ régiment marchait à notre tête ; c'était tout ce qui restait des tambours et des musiciens des régiments du 3ᵉ corps. Le 8 décembre, cinq jours après le départ de Napoléon, nous arrivâmes sous les murs de Wilna (1). J'avais pris ce jour-là les devants avec la permission du général Ledru, pour tâcher d'apprendre ce qu'on voulait faire de nous dans cette ville et quelles ressources elle offrirait. En arrivant à la porte, j'y trouvai un encombrement et une confusion comparables au passage de la Bérézina. Aucune précaution n'avait été prise pour mettre de l'ordre ; et, pendant que l'on s'étouffait à la porte, il y avait à côté des passages ouverts que l'on ne connaissait point et que personne n'indiqua. Je vins à bout d'entrer en me débattant dans la foule. Parvenu au milieu de la ville, il me fut impossible d'apprendre où l'on allait établir le 3e corps. Tout était en confusion chez le gouverneur et à la municipalité. La nuit vint ; j'ignorais où était mon régiment. Excédé de fatigue, j'entrai dans le logement du prince de Neuchâtel, dont tous les domestiques étaient dispersés ; et après avoir soupé avec un pot de confitures sans pain, je m'endormis sur une planche en remettant au lendemain mes recherches.

1 Par Biénitza et Smorghoni.

# CHAPITRE VIII

RETRAITE DE WILNA A KOWNO.

Situation de l'armée dans Wilna. — Incertitude du roi de Naples. — Attaque des Russes. — Départ précipité. — Le maréchal Ney chargé de l'arrière-garde. — Marche jusqu'à Kowno.

---

A la pointe du jour, je parcourus de nouveau la ville pour apprendre des nouvelles de mon régiment. Le coup d'œil qu'offrait alors Wilna ne ressemblait à rien de ce que nous avions vu jusque alors. Tous les pays que nous venions de parcourir portaient l'empreinte de la destruction dont nous étions les auteurs et les victimes : les villes étaient brûlées, les habitants en fuite ; le peu qu'il en restait partageait notre misère, et la malédiction divine semblait avoir frappé de mort autour de nous la nature entière. Mais à Wilna les maisons étaient conservées ; les habitants se livraient à leurs occupations ordinaires ; tout offrait l'image d'une ville riche et peuplée ; et au milieu de cette ville on voyait errer nos soldats déguenillés et mourants de faim. Les uns payaient au poids de l'or la plus chétive nourriture; d'autres imploraient un morceau de pain de la pitié des habitants. Ces derniers considéraient avec terreur les restes de cette armée jadis si formidable, et qui cinq mois auparavant excitait leur admiration. Les Polonais s'attendrissaient sur des malheurs qui ruinaient leurs espérances; les partisans de la Russie triomphaient; les Juifs ne voyaient que l'occasion de nous faire payer largement tout ce dont nous avions besoin. Les boutiques, les auberges et les cafés, ne pouvant suffire à la quantité d'acheteurs, furent fermés dès le premier jour, et les habitants, craignant que notre avidité n'amenât bientôt la famine, cachèrent leurs provisions. L'armée avait à Wilna des magasins de toute espèce; on fit quelques distributions à la garde; le reste de l'armée était trop en désordre pour y prendre part. Quant aux dispositions militaires il n'y en eut point. Que faire en effet? chercher à défendre Wilna, c'était tenter l'impossible; se retirer, c'était agir contre l'intention de l'empereur. Dans cette extrémité, le roi de Naples ne fit aucuns préparatifs, soit pour la défense, soit pour l'évacuation de la ville, dont le général Loison occupait encore les approches.

A force de recherches, je trouvai le logement du maréchal Ney et j'appris de lui que l'on avait établi les 2e et 3e corps dans un couvent au faubourg de Smolensk; je m'y rendis aussitôt, c'est-à-dire aussi vite que l'encombrement toujours croissant des rues pouvait le permettre. L'ennemi, faiblement contenu par le général Loison, s'approchait de la ville; le bruit du canon se faisait entendre, et la porte de Smolensk était encombrée de fuyards, plusieurs déjà percés de coups de lance et qui s'étouffaient pour trouver un passage. Il me fallut les plus grands efforts pour pénétrer dans le faubourg. Le 3e corps avait en effet occupé la veille le couvent que l'on m'avait indiqué; mais tous les officiers, ainsi que les généraux, s'étaient dispersés; il ne restait qu'un sergent et dix hommes de mon régiment qui ne connaissaient le logement d'aucun officier. Croirait-on qu'en ce moment deux aides de camp du général Hogendorp, gouverneur de Wilna, vinrent transmettre l'ordre aux 2e et 3e corps de prendre les armes et de se porter sur la ligne pour soutenir le général Loison; ils trouvèrent quelques hommes désarmés, gelés et malades, sans officiers, sans généraux. Bien loin d'obéir à un ordre si étrange, je prescrivis au sergent de rentrer dans la ville, si l'ennemi arrivait jusqu'au faubourg. J'y rentrai moi-même aussitôt en risquant pour la troisième fois de me faire étouffer. Le bruit dû canon qui s'approchait mettait tout en alarmes; on battait la générale; le maréchal Lefebvre et plusieurs généraux parcouraient les rues en criant: *Aux armes!* Quelques pelotons réunis marchaient vers la porte de Smolensk; mais le plus grand nombre des soldats, couchés dans les rues et dans les maisons où on voulait les souffrir, déclaraient qu'ils ne pouvaient plus combattre et qu'ils resteraient là. Les habitants, craignant le pillage, se hâtaient de fermer leurs maisons et d'en barricader les portes. La vieille garde seule, encore en assez bon ordre, se réunissait sur la place d'armes, et je me joignis à elle. A l'entrée de la nuit le calme se rétablit, le canon cessa de se faire entendre, et la division Loison resta en position sur les hauteurs qui entourent la ville. Le roi de Naples, ne voulant pas courir une seconde fois le risque d'être enlevé de vive force, s'établit le soir même au faubourg de Kowno, pour en partir avant le jour. Je retournai alors chez le maréchal Ney, où je reçus l'ordre de départ. Le 5ᵉ corps partait le lendemain à 6 heures du matin, commandé par le général Marchand; le maréchal Ney, destiné jusqu'au dernier moment à sauver les restes de l'armée, reprenait le commandement de l'arrière-garde, composé des Bavarois ( 6ᵉ corps ) et de la division Loison.

Un officier de mon régiment vint ensuite me chercher et me conduisit au logement du major, et je retrouvai mon régiment dont j'étais séparé d'une manière si bizarre depuis deux jours ; tant il est vrai qu'on se repent toujours à la guerre d'avoir quitté son poste, même avec l'autorisation de ses chefs, même avec l'intention de bien faire. Les officiers du 4e, semblables au reste de l'armée, avaient passé la journée assez tranquillement dans les maisons en s'inquiétant peu de la générale et de l'approche de l'ennemi. Un capitaine venait d'arriver de Nancy (dépôt du régiment) avec des effets d'habillement et de chaussure. On en distribua aux officiers et aux soldats présents ; le reste allait être abandonné faute de moyens de transport. Je voulus les vendre à un Juif, et j'ordonnai à l'officier qui les avait conduits de rester jusqu'au départ de l'arrière-garde pour tâcher de conclure ce marché. Celui-ci, très-effrayé de la situation de Wilna, ne se souciait pas d'y prolonger son séjour, et, après plusieurs objections que je trouvai très-mauvaises, il ne craignit pas de me désobéir et partit même avant nous. Cet officier s'était perdu pour toujours dans mon esprit ; je dois à sa mémoire d'ajouter qu'il est mort depuis sur le champ de bataille.

Le roi de Naples partit à quatre heures du matin

avec la vieille garde ; les débris des corps d'armée le suivirent successivement. On assure que le maréchal Mortier apprit par hasard le départ, et se mit en marche avec la jeune garde sans avoir reçu d'ordre. Nous partîmes à six heures avec le général Marchand ; quelques heures après, le maréchal Ney évacua la ville, qui fut sur-le-champ occupée par l'avant-garde russe. On y abandonna les magasins de vivres, d'armement et d'habillement. Plusieurs généraux, beaucoup d'officiers, plus de 20,000 hommes, presque tous malades, tombèrent au pouvoir de l'ennemi ; ces malheureux avaient rassemblé toutes leurs forces pour arriver à Wilna, croyant y trouver le repos. Au moment du départ de l'arrière-garde, les Juifs massacrèrent et dépouillèrent tous ceux qui tombèrent sous leurs mains ; le reste mourut de misère dans les hôpitaux, ou fut traîné dans l'intérieur de la Russie. Ainsi fut perdue cette ville conquise si brillamment au commencement de la campagne.

Il restait 26 lieues à faire pour repasser le Niémen à Kowno, et il n'y avait pas un moment à perdre ; car un jour passé à Wilna donnait aux Russes une grande avance. Cette journée n'avait été employée qu'à frapper aux portes des maisons pour demander un morceau de pain, et le peu de vivres qu'on avait trouvé ayant été consommé, nous n'avions rien à emporter, quand même les moyens de transport n'auraient pas manqué ; aussi les mêmes calamités dont j'ai fait précédemment le récit, continuèrent-elles à nous poursuivre, et nos forces épuisées ne permettaient pas d'espérer de les supporter longtemps.

A une lieue de Wilna se trouve une haute montagne dont la pente rapide était couverte de verglas ; cette montagne fut aussi fatale à nos équipages que l'avait été le passage de la Bérézina. Les chevaux firent d'inutiles efforts pour la gravir, et l'on ne put sauver ni une voiture, ni une pièce de canon. Nous trouvâmes au pied de la côte toute l'artillerie de la garde, le reste des équipages de l'empereur et le trésor de l'armée. Les soldats, en passant, enfonçaient les voitures et se chargeaient de riches habits, de fourrures, de pièces d'or et d'argent. C'était un singulier spectacle que de voir des hommes couverts d'or et mourant de faim, et de trouver étendus sur les neiges de la Russie tous les objets que le luxe a fait inventer à Paris. Ce pillage continua jusqu'au moment où les Cosaques tombèrent sur les pillards et s'emparèrent de toutes ces richesses.

Mes compagnons s'étaient dispersés au milieu des voitures et des chevaux abandonnés pour gravir cette montagne; quand je fus parvenu au sommet, je n'en trouvai pas un seul autour de moi; plusieurs me rejoignirent pendant la marche. Un de mes chefs de bataillon, malade et porté sur un traîneau, disparut pour toujours. La 1re journée fut de 9 lieues; la 2e de 7, jusqu'à Zismory. J'avais perdu le général Marchand, et je conduisais seul mon régiment. Les officiers me demandèrent d'arrêter à une lieue en arrière; mais il y avait 10 lieues de Zismory à Kowno, et le canon de l'arrière-garde, en se rapprochant, m'avertissait qu'il fallait atteindre Kowno dans la journée suivante. J'exigeai donc qu'on allât jusqu'à Zismory, où quelques huttes remplies de blessés nous servirent d'asile.

Le lendemain 12, il était à peine 5 heures du matin quand je me remis en marche; l'obscurité de la nuit, le verglas qui couvrait la route, rendaient cette marche bien pénible. Au point du jour, un officier vint me dire que le maréchal Ney avec l'arrière-garde avait traversé Zismory la nuit, qu'il était en avant de nous, et que rien ne nous séparait plus des ennemis. Ce moment fut peut-être pour moi le plus cruel de toute la campagne. Je jetai les yeux autour de moi : vingt officiers malades, un pareil nombre de soldats dont la moitié sans armes; voilà tout ce qui composait mon régiment, tout ce qui pouvait encore défendre notre liberté et notre vie. Nous touchions au Niémen, et nous allions peut-être perdre en un instant le fruit de deux mois de souffrances, de tant de dévouement, de si grands sacrifices. Cette idée faillit m'ôter tout mon courage. Je pressai la marche, sans consulter ni ma fatigue, ni celle de mes compagnons, sans songer au terrain glissant sur lequel nous tombions à chaque pas. J'avais fait plusieurs fois cette même route au mois de juin après le passage du Niémen. Alors, dans la plus belle saison de l'année, elle était couverte de troupes nombreuses et plus admirables encore par leur ardeur et leur enthousiasme que par leur magnifique tenue. Et maintenant dans les mêmes lieux, par une saison rigoureuse, une foule de fuyards déguenillés, sans force comme sans courage, succombaient à chaque pas à la fatigue, en cherchant à fuir un ennemi qu'ils ne pouvaient plus combattre. Cet affreux contraste me frappa vivement; et, quoique mes forces fussent bien épuisées, j'en retrouvai encore pour sentir tant de malheurs.

Nous étions à moitié chemin de Kowno, quand j'appris d'une manière positive que le maréchal Ney était encore derrière nous avec l'arrière-garde. Cette nouvelle, en calmant mes inquiétudes, me permit de donner à mon régiment quelques instants de repos sur les ruines du village de Rikónti, et nous nous efforçâmes ensuite d'atteindre Kowno, qui semblait fuir devant nous. Deux officiers, conduits sur un traineau, voulurent m'emmener avec eux; je les refusai, pour encourager jusqu'à la fin mes compagnons par mon exemple; mais j'avoue que j'eus quelque mérite à ne pas profiter de cette occasion; jamais je n'avais été si fatigué, et peu s'en fallut plus d'une fois que je ne restasse en chemin. Enfin, nous revîmes le Niémen et nous entrâmes dans Kowno. Pendant que les soldats allaient chercher du rhum et du biscuit, je tombai de lassitude au coin d'une borne. On ne pouvait trouver un logement; il fallut m'établir de force avec mes officiers dans une maison occupée par le 4ᵉ corps, où l'on refusait de nous recevoir, et où nous couchâmes tous sur le carreau.

Le maréchal Ney venait d'arriver après avoir laissé une partie de l'arrière-garde en avant de la ville; le général Marchand nous rejoignit aussi le soir même avec les autres régiments; il donna l'ordre de départ pour le lendemain à 5 heures. Nous allions passer le Niémen et quitter pour toujours cette terre de malheur. Mais, au moment du départ, le maréchal décida que nous resterions avec lui à l'arrière-garde : dernière épreuve de courage et de dévouement que nous étions appelés à subir, et qui ne fut pas la moins pénible. Depuis longtemps il était permis aux restes du 3e corps de croire leur tâche remplie ; ils avaient atteint le Niémen, et, quoiqu'ils ne fussent plus en état de combattre, on exigeait d'eux de rester dans Kowno pour tenter encore de le défendre ou plutôt pour s'ensevelir honorablement sous ses ruines. Il faut le dire pourtant à la louange des officiers et des soldats, tous obéirent sans murmures, aucun ne quitta son poste dans une situation si critique. Pour moi, qui voyais avec admiration la constance héroïque du maréchal Ney, je me félicitai d'être appelé à l'honneur de seconder ses derniers efforts ; nous rentrâmes dans nos logements, attendant de nouveaux ordres et prêts à tout événement.

# CHAPITRE IX

### RETRAITE DE KOWNO SUR LES BORDS DE LA VISTULE.

Situation de Kowno. — Défense de la ville. — Passage du Niémen. — Dernière attaque des Russes de l'autre côté de ce fleuve. — Présence d'esprit du maréchal Ney. — Marche jusqu'à Kœnigsberg. — Répartition de l'armée en cantonnements sur la Vistule.— Arrivée du 3e corps à Marienbourg.

Kowno, de même que Wilna, était rempli de magasins, et l'on pense bien que les distributions n'y furent pas plus régulières. Mais les soldats n'eurent pas la patience de mourir de faim au milieu de l'abondance. Les magasins, que l'on avait respectés à Wilna, furent enfoncés à Kowno, et ce nouveau genre de désordre amena de nouveaux malheurs ; beaucoup d'hommes ayant bu du rhum sans modération furent engourdis de froid et moururent. Cette liqueur était pour eux d'autant plus dangereuse qu'ils en ignoraient les effets, et que, n'étant accoutumés qu'à la mauvaise eau-de-vie du pays, ils croyaient boire impunément du rhum en aussi grande quantité. On brisa les tonneaux, le rhum coulait dans les magasins et presque au milieu des rues ; d'autres soldats enlevaient les biscuits ou partageaient entre eux les sacs de farine. Les portes des magasins d'habillement étaient ouvertes , les habits jetés pêle-mêle ; chaque soldat prenait ceux qu'il trouvait sous la main et s'en revêtait au milieu de la rue; mais la plupart, traversant Kowno sans s'arrêter, ne songeaient qu'à fuir. Accoutumés à suivre machinalement ceux qui marchaient devant eux, on les voyait risquer de s'étouffer en se pressant sur le pont , sans songer qu'ils pouvaient facilement passer le Niémen sur la glace.

Cependant le maréchal Ney cherchait encore à défendre Kowno pour donner à tous ces malheureux le temps d'échapper à la poursuite de l'ennemi et pour protéger la retraite du roi de Naples, qui avait pris la veille la route de Kœnigsberg par Gumbinen. Un ouvrage en terre construit à la hâte en avant de la porte de Wilna , lui parut une défense suffisante pour arrêter l'ennemi toute la journée. Dans la matinée, l'arrière-garde rentra dans la ville; deux pièces de canon soutenues par quelques pelotons d'infanterie bavaroise furent placées sur le rempart , et ce petit nombre de troupes se disposait à soutenir l'attaque qui déjà se préparait. Le maréchal Ney, ayant pris ces dispositions, avait été se reposer dans son logement; à peine était-il parti que l'affaire s'engagea. Les premiers coups de canon des Russes démontèrent une de nos pièces; l'infanterie prit la fuite, les canonniers allaient la suivre. Bientôt les Cosaques pouvaient pénétrer sans obstacle dans la ville, quand le maréchal parut sur le rempart. Son absence avait pensé nous perdre; sa présence suffit pour tout réparer. Il prit lui-même un fusil, les troupes revinrent à leur poste, le combat se rétablit et se soutint jusqu'à l'entrée de la nuit que commença la retraite. Ainsi ce dernier succès fut dû à la bravoure personnelle du maréchal, qui défendit lui-même en soldat la position qu'il mettait tant de prix à conserver.

Je n'appris qu'ensuite le danger que nous venions de courir, et j'aurais regretté de n'avoir point combattu auprès du maréchal, si mon premier devoir n'eût été de rester avec mon régiment; nous passâmes la journée, ainsi que le 18e, chez un Juif où nous trouvâmes quelques vivres et beaucoup d'eau-de-vie. Cette espèce d'abondance avait aussi son danger, car, après une aussi longue disette, le moindre excès pouvait être mortel. Malgré les recommandations du colonel Pelleport et les miennes, plusieurs hommes s'enivrèrent et furent hors d'état de nous suivre. Les officiers trouvèrent à Kowno leurs porte-manteaux; il n'y avait aucun moyen de les emporter; chacun prit dans le sien ce qui pouvait lui servir et abandonna le reste, trop heureux de sauver sa vie pour songer à rien regretter.

Vers le soir l'ordre du départ arriva; le 3e corps devait ouvrir la marche, suivi des Bavarois et des restes de la division Loison. Nous traversâmes Kowno au milieu des morts et des mourants. On distinguait à la lueur des feux des bivouacs encore allumés dans les rues quelques soldats qui nous regardaient passer avec indifférence; et quand on leur disait qu'ils allaient tomber au pouvoir de l'ennemi, ils baissaient la tête et se serraient auprès du feu sans répondre. Les habitants, rangés sur notre passage, nous regardaient d'un air insolent. L'un d'eux s'était déjà armé d'un fusil, je le lui arrachai. Plusieurs soldats, qui s'étaient traînés jusqu'au Niémen, tombèrent morts sur le pont, au moment où ils touchaient au terme de leur misère. Nous passâmes le fleuve à notre tour; et, tournant nos regards vers l'affreux pays que nous quittions, nous nous félicitâmes du bonheur d'en être sortis, et surtout de l'honneur d'en être sortis les derniers.

De l'autre côté du Niémen, la route de Gumbinen traverse une haute montagne. A peine étions-nous

au pied, que les soldats isolés qui nous précédaient revinrent précipitamment sur leurs pas et nous annoncèrent qu'ils avaient rencontré les Cosaques. A l'instant même un boulet de canon tomba dans nos rangs,
et nous acquîmes la certitude que les Cosaques, ayant
passé le Niémen sur la glace, s'étaient emparés du
sommet de la hauteur avec leur artillerie et nous
fermaient le chemin. Cette dernière attaque, la plus
imprévue de toutes, fut aussi celle qui frappa le plus
vivement l'esprit des soldats. Pendant la retraite,
l'opinion que les Russes ne passeraient point le Niémen s'était fortement établie dans l'armée. Tous de
l'autre côté du pont se croyaient en parfaite sécurité,
comme si le Niémen eût été pour eux ce fleuve des
anciens qui séparait l'enfer de la terre. On peut juger
de quelle terreur ils durent être saisis, en se voyant
poursuivis sur l'autre bord et surtout en trouvant la
route occupée par l'artillerie ennemie. Les généraux
Marchand et Ledru parvinrent à former une espèce de
bataillon en réunissant au 3ᵉ corps tous les isolés qui
se trouvaient là. On voulut en vain essayer de forcer
le passage; les fusils des soldats ne portaient pas, et
eux-mêmes n'osaient avancer. Il fallut renoncer à
toute tentative et rester sous le feu de l'artillerie,
sans oser faire un pas en arrière; car c'eût été nous
exposer à une charge, et notre perte alors était cer-

taine. Cette situation acheva de désespérer deux officiers qui avaient été l'exemple de mon régiment pendant toute la retraite, mais dont les forces épuisées depuis longtemps avaient fini par ébranler le courage. Ils vinrent me dire que, ne pouvant plus ni marcher ni combattre, ils allaient tomber entre les mains des Cosaques qui les massacreraient, et qu'ils étaient forcés de rentrer dans Kowno pour se rendre prisonniers. Je fis d'inutiles efforts pour les retenir; je leur rappelai les sentiments d'honneur dont ils étaient pénétrés, le courage dont ils avaient donné tant de preuves, leur attachement pour le régiment qu'ils voulaient abandonner; et, si leur mort était inévitable, je les conjurai du moins de mourir avec nous. Pour toute réponse ils m'embrassèrent en pleurant et rentrèrent dans Kowno. Deux autres officiers subirent le même sort; l'un s'était enivré avec du rhum et ne put nous suivre; l'autre, que j'aimais particulièrement, disparut peu après. Mon cœur était déchiré, j'attendais que la mort vînt me rejoindre à mes malheureux compagnons, et je l'aurais peutêtre désiré sans tous les liens qui à cette époque m'attachaient encore à la vie.

Le maréchal Ney parut alors et ne témoigna pas la moindre inquiétude d'une situation si désespérée. Sa détermination prompte nous sauva encore et pour la dernière fois. Il se décida à descendre le Niémen et à prendre la route de Tilsitt, espérant regagner Kœnigsberg par des chemins de traverse. Il ne se dissimulait pas l'inconvénient de quitter la route de Gumbinen, et de laisser ainsi le reste de l'armée sans arrière-garde, inconvénient d'autant plus grave qu'il était impossible d'en prévenir le roi de Naples ; mais il ne restait plus d'autre ressource, et la nécessité en faisait un devoir. L'obscurité de la nuit favorisa ce mouvement. A 2 lieues de Kowno, nous quittâmes les bords du Niémen pour prendre à gauche dans les bois un chemin qui devait nous mener dans la direction de Kœnigsberg. On perdit beaucoup de soldats qui, n'étant pas prévenus et marchant isolément, suivirent le Niémen jusqu'à Tilsitt. Pendant la nuit et toute la journée suivante, on prit à peine quelques instants de repos. Un cheval blanc que nous montions à poil les uns après les autres nous fut d'un grand secours. Le 14 au soir, un assez bon village nous servit d'abri. Là je perdis encore deux officiers : l'un mourut la nuit dans la chambre que j'habitais, l'autre disparut le lendemain. Ce furent nos derniers malheurs, car à dater de cette journée notre situation changea de face. La rapidité de notre marche nous avait donné une grande avance ; d'ailleurs les Cosaques s'occupaient à poursuivre les autres corps sur la grande route; depuis la montagne de **Kowno** nous cessâmes de les rencontrer. Les pays que nous traversions n'avaient point été ravagés; on y trouvait des vivres et des traîneaux. Le maréchal Ney se rendit alors directement à Kœnigsberg[1], où nous le rejoignîmes le 20, toujours conduits par le général Marchand[2].

Il faut se rappeler ce que nous avions souffert pour juger combien ces premiers jours d'abondance nous rendirent heureux; car, en nous voyant, on nous eût trouvés plus dignes de pitié que d'envie. Le 3e corps se composait d'environ 100 soldats à pied conduits par quelques officiers, et d'un pareil nombre d'écloppés de tous les grades, portés sur des traîneaux. Le froid était excessif, et tout nous semblait bon pour nous en garantir. Aussi les habitants, et surtout les Juifs, nous vendaient au poids de l'or les vêtements les plus communs; ils nous croyaient chargés des trésors de Moscou. En traversant la Vieille-Prusse, il ne fut pas difficile de juger des dispositions des habitants à notre égard. C'était une curiosité maligne dans leurs questions, des plaintes ironiques sur ce que nous avions souffert, ou de fausses

---

[1] En passant par Neustadt, Pillkahlen et Saliau.
[2] PLANCHE XV. — Carte générale.

nouvelles sur la poursuite des Cosaques que nous ne voyions jamais et que l'on nous annonçait toujours. Si un soldat s'écartait de la route, il était désarmé par les paysans et renvoyé avec des menaces et des mauvais traitements. Un ministre protestant alla même jusqu'à me dire que nos malheurs étaient une juste punition de Dieu pour avoir pillé et ravagé à notre passage la Prusse dont nous étions les alliés. Je dois avouer que nous étions peu sensibles à ce mauvais accueil ; le bonheur de trouver des vivres et de passer les nuits dans des chambres bien chaudes nous consolait de tout.

Le roi de Naples, croyant le maréchal Ney à son arrière-garde, s'était dirigé de Kowno sur Kœnigsberg par la grande route de Gumbinen. Un officier, qu'il avait envoyé en mission auprès du maréchal, tomba entre les mains des Cosaques, et, s'en étant échappé par miracle, vint annoncer que l'arrière-garde était détruite, et que rien ne s'opposait à la marche de l'ennemi. Le roi de Naples hâta sa marche et arriva à Kœnigsberg avant nous. Cette ville était déjà remplie de généraux, d'officiers, d'employés, de soldats isolés qui y arrivaient pêle-mêle, empressés de mettre à profit les ressources qu'elle leur offrait. Les auberges et les cafés ne pouvaient suffire à la quantité des consommateurs ; on vit des officiers passer les nuits à table, et succomber à l'intempérance après avoir résisté à la disette ; les boutiques étaient assiégées par les acheteurs. On s'empressa de vendre les pierreries et autres objets précieux que l'on avait rapportés de Moscou, et la valeur en était si considérable que tout l'or de la ville fut bientôt enlevé, quoique les habitants, dont l'insolence envers nous était extrême, profitassent de tous les moyens pour abuser de notre situation. Le premier soin du roi de Naples, en arrivant à Kœnigsberg, fut de chercher à remettre un peu d'ordre dans une armée livrée à une telle confusion. La circonstance semblait favorable, car le maréchal Macdonald avec le 10ᵉ corps, ayant évacué la Courlande, avait pris position à Tilsitt sur le Niémen, et couvrait ainsi le reste de l'armée ; il avait encore 30,000 hommes en comptant les Prussiens. Le roi de Naples dirigea donc les débris des corps d'armée sur la Vistule avec ordre de se reformer dans les cantonnements suivants : le 1ᵉʳ corps à *Thorn*, les 2ᵉ et 5ᵉ à *Marienbourg*, le 4ᵉ à *Marienwerder*, le 5ᵉ à *Varsovie*, le 6ᵉ à *Plotzck*, le 7ᵉ à *Wengrod*, le 9ᵉ à *Dantzick* et les Autrichiens à *Ostrolenka*, la cavalerie à *Elbing*, la garde et le quartier-général à *Kœnigsberg*. Dès que ces cantonnements furent désignés, un ordre très-sévère fit partir de Kœnigsberg en vingt-quatre heures les généraux et officiers qui s'y trouvaient sans autorisation, et dont plusieurs, par leur air découragé et leurs mauvais propos, contribuaient à attirer sur nous le mépris des habitants. Un second ordre fit considérer comme déserteur à l'ennemi tout militaire qui passerait la Vistule.

J'ai dit que le 3ᵉ corps arriva le 20 à Kœnigsberg; il continua sa marche le lendemain. Le maréchal Ney demeura au quartier-général; le général Marchand, auquel on destinait un autre commandement, ne nous suivit pas; et comme le peu de généraux et de colonels qui restaient encore avaient pris les devants, je conduisis seul le 3ᵉ corps en cinq jours à Marienbourg[1]. A peine 30 hommes de mon régiment et 120 du 3ᵉ corps arrivèrent-ils réunis à cette destination. Nous rejoignîmes à Marienbourg les généraux Ledru, Joubert et d'Hénin, ainsi que des officiers et soldats venus isolément. Plusieurs avaient encore l'air effrayé des dangers auxquels ils venaient d'échapper, quoiqu'ils nous eussent quittés depuis longtemps pour s'y soustraire plus vite. On assigna des cantonnements dans les villages de l'île de la Nogat. Les régiments s'y rendirent dès le lendemain 26, et nous nous préparâmes à mettre à profit ce temps de repos pour rassembler les débris de ce grand naufrage et réparer autant que possible les maux qu'il avait causés.

---

[1] Par Heiligenbeil et Elbing.

# CHAPITRE X

**Séjour dans les cantonnements de la Vistule. — Défection des Prussiens du 10e corps. — Retraite sur l'Oder. — Dissolution de l'armée, dont les cadres rentrent en France. — Résultats de la campagne. — Conclusion.**

---

L'île de la Nogat est une espèce de delta formé par les deux bras de la Vistule et par la mer; ce pays est rempli de bons villages, et nous y étions très-convenablement placés pour travailler à la réorganisation des régiments. Les premiers jours de repos nous parurent bien doux après deux mois et demi de privations et de fatigues, et rien ne fut négligé pour mettre à profit des moments aussi précieux. On s'occupa sur-le-champ des réparations qu'exigeaient l'habillement et la chaussure. Chaque jour on voyait arriver des soldats isolés qu'on avait crus perdus; mon chirurgien-major, que j'avais eu le bonheur de conserver, désigna ceux qui étaient incapables de continuer à servir; ils furent renvoyés sur les derrières; quant aux autres, quelques jours de repos rétablirent leurs forces. En même temps je repris la correspondance, si longtemps interrompue, avec le major à Nancy. Le froid était toujours aussi violent, mais nous ne le craignions plus; renfermés dans de bonnes chambres de paysans et partageant avec eux une nourriture grossière, nous croyions jouir de toutes les douceurs et de tous les agréments de la vie. Les longues soirées d'hiver se passaient à raconter les anecdotes de la campagne et à écrire à nos familles dont nous étions encore séparés de plus de 500 lieues, et à qui la lecture du 29e bulletin avait dû causer de si justes alarmes.

Pendant la durée de ces cantonnements, j'allai à Dantzick, distant seulement de douze lieues; on y trouva abondamment tout ce que nous n'avions pas eu le temps de nous procurer à Kœnigsberg. Le général Rapp préparait sa défense dans le cas où l'armée continuerait sa retraite. En peu de temps la place fut approvisionnée et les remparts armés.

Quinze jours s'étaient passés dans les cantonnements, et les régiments commençaient à se reformer; le 4e avait réuni 200 hommes, lorsqu'un événement inattendu changea de nouveau la face des affaires. Le général Yorck, qui faisait avec un corps prussien l'arrière-garde du maréchal Macdonald devant Tilsitt , capitula le 50 décembre avec les **Russes** et garda la neutralité. Le maréchal Macdonald , perdant par cette défection plus de la moitié du 10e corps, fut obligé de se replier sur Kœnigsberg où les Russes le poursuivirent. Il n'était plus possible de conserver la ligne de la Vistule que nous n'étions pas en état de défendre; déjà plusieurs partis de Cosaques avaient donné l'alarme à Marienbourg et à Marien-werder ; quelques - uns passèrent même la Vistule sur la glace et cherchèrent à inquiéter nos canton-nements. Le roi de Naples quitta Kœnigsberg le 4 jan-vier et se rendit à Elbing. La retraite sur la ligne de l'Oder et de la Wartha fut décidée; le 10e corps fit partie de la garnison de Dantzick, qui se trouva ainsi portée à 50,000 hommes , et les autres corps d'armée commencèrent leur retraite en se dirigeant le 1er sur Stettin, les 2e et 5e sur Custrin , les 4e et 6e sur Posen. Dans la nuit du 10 janvier, le 5e corps se réunit à Dirschau et passa le bras occidental de la Vistule. Sur les 200 hommes qui composaient mon régiment à peine 40 étaient-ils armés, et l'officier qui avait été chercher des fusils à Dantzick ne devait arriver que le lendemain dans nos cantonnements. Heureusement il apprit notre mouvement, et vint nous rejoindre le 11 sur la route , après avoir habi-lement évité la rencontre des Cosaques.

Le premier jour de marche, le 3ᵉ corps réuni se montait à près de 1,000 hommes armés et dont l'habillement avait été remis en assez bon état. Le maréchal Ney reparut alors à notre tête et témoigna sa satisfaction des soins que nous nous étions donnés ; il nous quitta peu après pour rentrer en France. Le 3ᵉ corps arriva le 20 janvier à Custrin [1], en longeant les frontières du grand-duché de Varsovie. Le général Ledru dirigeait la marche et commandait en chef, le général d'Hénin commandait la 2ᵉ division ; il ne restait pas d'autres généraux. Les dispositions des habitants nous étaient partout défavorables ; mais ils les témoignaient moins ouvertement, depuis que nous étions devenus un peu plus redoutables. Quelques-uns, pour nous faire leur cour, affectaient de blâmer hautement la défection du général Yorck ; d'autres cherchaient à nous effrayer par les fausses nouvelles qu'ils nous débitaient sur la poursuite des Russes. Cet artifice réussit peu ; nous savions que l'infanterie ennemie n'était point en mesure de nous atteindre ; et quant aux Cosaques, nous avions cessé de les craindre en reprenant nos armes Une seule fois cependant, un général étant averti que les Cosaques

[1] Par Stargard, Driessen et Landsberg.

se trouvaient en force près de lui, crut par prudence devoir quitter le village qu'il occupait avec un régiment. On assure que c'était un faux avis donné par le maître du château où il logeait, et qui voulait se débarrasser de lui. Je me rappelle aussi qu'en approchant de Custrin, mon régiment logea dans un village avec un régiment illyrien et un régiment espagnol ; singulier hasard qui réunissait dans le même lieu quelques hommes de trois nations si diverses et pour une cause si étrangère aux intérêts de leur patrie.

La retraite des autres corps s'effectua aussi tranquillement que la nôtre. En arrivant à Posen, le vice-roi prit le commandement de toute l'armée, devenu vacant par le départ du roi de Naples. L'aile droite composée des Autrichiens et du 7e corps défendait encore la Vistule près de Varsovie ; mais déjà le prince de Schwartzemberg faisait ses dispositions pour rentrer en Galicie, en gardant la neutralité ; et le roi de Prusse n'attendait que l'entrée des Russes à Berlin pour se joindre à eux. Le vice-roi allait être bientôt forcé de se retirer derrière l'Oder et même derrière l'Elbe, jusqu'à l'arrivée des renforts qui venaient de France et d'Italie.

Cependant l'empereur s'occupait à Paris de la réorganisation des régiments ; mais les ordres qu'il donna prouvaient qu'il ignorait combien ces régiments

étaient détruits. Il voulut d'abord renvoyer en France
les cadres des 4<sup>es</sup> bataillons et garder à l'armée ceux
des trois autres ; ensuite renvoyer les 3<sup>es</sup> et 4<sup>es</sup> en
gardant les deux premiers. Les colonels observèrent
que rien de tout cela n'était exécutable ; et sur leurs
représentations on se décida à envoyer tous les cadres dans les dépôts et à ne laisser à l'armée que les
hommes encore en état de combattre. Chaque régiment forma des compagnies de cent hommes valides,
commandées par trois officiers ; ces compagnies
devaient être réunies en bataillons provisoires pour
défendre les forteresses de l'Oder, telles que Custrin,
Stettin, Spandau. Le 5<sup>e</sup> corps fournit de cette manière un bataillon de 600 hommes, destiné à faire la
garnison de Spandau. Il m'en coûta beaucoup de me
séparer des 100 hommes de mon régiment qui en
firent partie. Je leur promis en les quittant que si la
paix ne les ramenait pas en France, ils nous ver-
raient bientôt revenir les délivrer ; prédiction que
l'événement ne justifia guère. Le lendemain de cette
opération, tout ce qui restait des régiments se remit
en marche pour la France. 100 hommes du 4<sup>e</sup>, en y
comprenant les officiers, sous-officiers et soldats malades, partirent de Custrin pour se rendre au dépôt
du régiment à Nancy. Cette époque, qui est celle de
la réorganisation des régiments, termine tout ce qui

est relatif à la campagne de 1812. Je ne pensai plus alors qu'à me rapprocher de ma famille; et laissant au major en second le soin de conduire le régiment, je me rendis en poste à Mayence, en passant par Berlin et Magdebourg. Le maréchal Kellermann, qui commandait à Mayence, me donna la permission d'aller à Nancy visiter le dépôt de mon régiment.

Je n'essaierai pas de peindre mon bonheur en me retrouvant en France, en entendant autour de moi parler français; il faut pour le comprendre être revenu d'aussi loin.

Je reçus à Nancy l'accueil le plus touchant; les officiers du bataillon de dépôt me témoignèrent leur reconnaissance des soins que j'avais pris du régiment pendant cette fatale retraite; tous m'exprimèrent le regret qu'ils avaient éprouvé d'être séparés de leurs camarades, et de ne pouvoir partager leur gloire et leurs honorables revers. Je trouvai le bataillon fort instruit et dans la meilleure tenue; l'administration, confiée aux soins d'un excellent quartier-maître[1], ne laissait rien à désirer; je n'eus en tout que des éloges à donner au major[2], officier très-distingué et à l'avancement duquel je me félicite d'avoir pu contri-

---

[1] M. Goudonville.

[2] M. Boni.

buer par la suite. Trois jours s'étaient passés dans ces occupations, lorsque je reçus l'autorisation de me rendre à Paris. On peut croire que je ne perdis pas de temps ; mais, pour qu'il ne manquât rien à la fatalité qui poursuivait nos équipages, ma calèche cassa à quelques lieues de Paris, et j'arrivai seul, la nuit, sur une charrette de paille et couvert d'une peau de loup, dans la maison d'où j'étais parti neuf mois auparavant, au milieu de si immenses prépa-ratifs et de tant d'espérances de succès et de gloire[1].

Tous ceux qui en eurent comme moi la possibilité, vinrent se reposer quelque temps auprès de leurs familles ; mais ils n'y retrouvèrent point le bonheur. D'horribles souvenirs troublaient leur mémoire ; l'image des victimes de cette campagne ne cessait de les poursuivre, et leur cœur était rempli d'une tris-tesse sombre que les soins de l'amitié furent long-temps à dissiper.

Ainsi finit cette entreprise gigantesque qui avait commencé sous de si heureux auspices : ses résul-tats furent la destruction totale d'une armée de 500,000 hommes, de toutes ses administrations et de son immense matériel. A peine 70,000 hommes repassèrent la Vistule ; le nombre de prisonniers ne

[1] Février 1813.

s'éleva qu'à 100,000, d'où il résulte que 330,000 périrent[1]. Cet affreux calcul s'accorde avec les rapports des autorités russes, qui, étant chargées de faire brûler les cadavres de notre armée, en ont compté plus de 300,000. L'artillerie entière, composée de 1,200 bouches à feu et de leurs caissons, fut prise ou abandonnée, ainsi que 3,000 fourgons, les équipages des officiers, les magasins de toute espèce. L'histoire n'offre pas d'exemple d'un semblable désastre, et ce journal n'en peut donner qu'une bien faible idée; mais j'en ai dit assez pour conserver au moins le souvenir des événements dont j'ai été le témoin et dont plusieurs sont encore peu connus. Je ne demande à ceux qui me liront que de partager les sentiments que j'éprouve en terminant ce récit; je leur demande de s'unir à moi pour admirer tant de courage et plaindre tant de malheurs.

---

[1] J'ai dit que 500,000 hommes ont fait la campagne en tout ou en partie. En déduisant 80,000 hommes pour les trois corps qui formaient les deux ailes (7e et Autrichiens à l'aile droite; 10e à l'aile gauche), il reste donc 420,000 pour la grande armée. De ces 420,000 hommes, il y en eut tout au plus 10,000, presque tous malades ou écloppés, qui repassèrent la Vistule. On en perdit donc 410,000. Quant aux trois corps détachés, qui eurent moins à souffrir, leurs pertes ne peuvent pas s'élever à moins de 20,000 hommes; ce qui fait une perte totale de 430,000 hommes. (Voir le détail des pertes du 4e régiment, note C.)

Nota. On me permettra de copier ici l'extrait d'une lettre du maréchal Ney au duc de Feltre, dont je conserve l'original ; et l'on comprend le prix que j'attache à un pareil suffrage.

Berlin, le 23 janvier 1813.

Monsieur le duc, je profite du moment où la campagne est, sinon terminée, au moins suspendue, pour vous témoigner toute la satisfaction que m'a fait éprouver la manière de servir de M. de Fezensac. Ce jeune homme s'est trouvé dans des circonstances fort critiques, et s'y est toujours montré supérieur. Je vous le donne pour un véritable chevalier français, et vous pouvez désormais le regarder comme un vieux colonel.

Signé : M<sup>al</sup> DUC D'ELCHINGEN.

**FIN**

# NOTES.

## NOTE A.

### TABLEAU

DU PARTAGE ET DÉNOMBREMENT DES FORCES CONDUITES
PAR NAPOLÉON DANS L'EMPIRE DE RUSSIE EN 1812.

NAPOLÉON, EMPEREUR DES FRANÇAIS

MARÉCHAL BERTHIER, CHEF DE L'ÉTAT-MAJOR.

| | INFANTERIE. | CAVALERIE. |
|---|---|---|
| **PREMIER CORPS.** MARÉCHAL PRINCE D'ECKMUHL. | | |
| Divisions françaises : MORAND, FRIAND, GUDIN, DESAIX et COMPANS. . . . | 65,000 | |
| Brigades légères : BORDESOULLE et PAJOL. | | 2,400 |
| **DEUXIÈME CORPS.** MARÉCHAL DUC DE REGGIO. | | |
| Divisions françaises : LEGRAND, VERDIER et MERLE. . . . . . . . . | 32,000 | |
| Brigades légères : CASTEX et CORBINEAU. | | 2,400 |
| *A reporter.* . . . | 97,000 | 4,800 |

| | | | |
|---|---|---|---|
| . *Report.* . . . | 97,000 | 4,800 | |

### TROISIÈME CORPS.
#### MARÉCHAL DUC D'ELCHINGEN.

| | | |
|---|---|---|
| Divisions françaises : LEDRU et RAZOUT ; division wurtembergeoise : MARCHAND. | 35,000 | |
| Brigades légères : MOURIEZ et BEURMANN. | | 2,400 |

### QUATRIÈME CORPS.
#### VICE-ROI D'ITALIE.

| | | |
|---|---|---|
| Divisions françaises : DELZONS et BROUS-SIER ; garde royale italienne ; division italienne : PINO. . . . . . . . . | 38,000 | |
| Cavalerie de la garde italienne ; brigade légère italienne : VILLATA. . . . . | | 2,400 |

### CINQUIÈME CORPS.
#### PRINCE PONIATOWSKI.

| | | |
|---|---|---|
| Divisions polonaises : DOMBROWSKY, ZAYONSCHEK et FICHER. . . . . . | 36,000 | |
| Cavalerie légère. . . . . . . . . | | 2,400 |

### SIXIÈME CORPS.
#### GÉNÉRAL,
##### PUIS MARÉCHAL GOUVION-SAINT-CYR.

| | | |
|---|---|---|
| Divisions bavaroises : DEROY et DE WRÈDE. | 25,000 | |
| Brigades légères bavaroises : SEIDEWITZ et PREISSING. . . . . . . . . | | 2,400 |

### SEPTIÈME CORPS.
#### GÉNÉRAL COMTE REYNIER.

| | | |
|---|---|---|
| Divisions saxonnes : LECOQ et ZESCHAU. . | 24,000 | |
| Cavalerie légère : FUNK et GABLENTZ. . | | 2,400 |

| | | |
|---|---|---|
| *A reporter.* . . . | 255,000 | 16,800 |

| | | | |
|---|---|---|---|
| | *Report.* . . | 255,000 | 16,800 |

## HUITIÈME CORPS.

### GÉNÉRAL DUC D'ABRANTÈS.

| | | |
|---|---|---|
| Divisions westphaliennes : OCHS et DE DA-REAU. . . . . . . . . . . | 18,000 | |
| Cavalerie légère. . . . . . . . . | | 1,200 |

## NEUVIÈME CORPS.

### MARÉCHAL DUC DE BELLUNE.

| | | |
|---|---|---|
| Divisions PARTONNEAUX, DAENDELS et GIRARD. . . . . . . . . . | 30,000 | 2,500 |

## DIXIÈME CORPS.

### MARÉCHAL DUC DE TARENTE.

| | | |
|---|---|---|
| Division française : GRANDJEAN; corps prussien : YORCK, composé des divisions KLEIST et GRAWERT, de 20 bataillons d'infanterie. . . . . . . . . . | 26,000 | |
| Cavalerie légère prussienne : MASSENBACH. | | 3,000 |

## GARDE IMPÉRIALE.

| | | |
|---|---|---|
| Vieille garde, commandée par le MARÉCHAL DUC DE DANTZICK; jeune garde, commandée par le MARÉCHAL DUC DE TRÉVISE. . . . . . . . . . . | 32,000 | |
| Cavalerie de la garde, commandée par le MARÉCHAL DUC D'ISTRIE. . . . . . | | 3,800 |

## RÉSERVE DE CAVALERIE.

## PREMIER CORPS.

### GÉNÉRAL NANSOUTY.

| | | |
|---|---|---|
| Divisions BRUYÈRES, SAINT-GERMAIN et VALENCE. . . . . . . . . . | | 7,200 |

| | | | |
|---|---|---|---|
| | *A reporter.* . . . | 361,000 | 34,500 |

|  | | |
|---|---:|---:|
| *Report.* . . | 361,000 | 34,500 |

## DEUXIÈME CORPS.
### GÉNÉRAL MONTBRUN.

| Divisions WATIER, SÉBASTIANI et DE-FRANCE. . . . . . . . . . | | 7,200 |

## TROISIÈME CORPS.
### GÉNÉRAL GROUCHY.

## QUATRIÈME CORPS.
### GÉNÉRAL LATOUR-MAUBOURG.

| Ces deux corps éprouvèrent quelques changements dans leur organisation pendant la campagne, ce qui fait qu'on les porte en bloc; ils étaient composés des divisions KELLERMANN, LAHOUSSAYE, CHASTEL, ROSNICTZKY (polonaise), et THIELMANN (saxonne); en tout. . . . | | 12,000 |
| La division DOUMERC (5ᵉ de cuirassiers), fut détachée avec le 2ᵉ corps. . . . | | 2,300 |

## CORPS AUTRICHIEN
( que l'on peut compter comme 11ᵉ corps).

### GÉNÉRAL, PUIS MARÉCHAL PRINCE DE SCHWARTZEMBERG.

| Divisions autrichiennes : SICGENTHAL, TRANTENBURG et BIANCHI. . . . . | 24,000 | |
| Division de cavalerie : FRIMONT. . . . | | 6,000 |
| Total. . . . | 385,000 | 62,000 |

| TOTAL GÉNÉRAL. . . . | 447,000 |

# NOTE B.

Je ne ferai point ici une description détaillée de Moscou, dont je n'ai connu que la destruction; je dirai seulement quelques mots sur la construction de la ville et sur les mœurs des habitants. Le prince de Ligne a peint Moscou d'une manière aussi juste que piquante, en disant que c'étaient 50 villages groupés autour de 300 châteaux.

Moscou est partagé en quatre enceintes; au centre le Kremlin, antique citadelle qui renferme un palais superbe et plusieurs églises, les tombeaux des empereurs près du lieu de leur couronnement. Tous ces édifices sont bizarres, et il serait difficile de dire à quel ordre d'architecture ils appartiennent. Du haut de cette citadelle, les voyageurs se plaisaient autrefois à contempler cette ville immense qui n'offrait plus alors à nos yeux qu'un vaste amas de décombres.

Autour du Kremlin est la ville chinoise, quartier habité par des marchands; c'est là qu'était le bazar qui fut la première proie des flammes; ce quartier est l'immense rendez-vous des marchands de tous les pays de l'Europe et de l'Asie.

La ville blanche entoure la ville chinoise, c'est le quartier de la noblesse et celui où l'on voit les hôtels les plus magnifiques.

Enfin la ville de terre est la dernière enceinte; c'est proprement un vaste faubourg circulaire qui entoure Moscou; on y trouve des enclos, de grands jardins, même des terres cultivées, des chaumières de paysans à côté de superbes palais. Les maisons sont en général bâties en bois; quelques-unes avec des pièces de rapport, afin qu'on puisse les transporter; les églises et beaucoup d'hôtels sont bâtis en briques; la plupart des toits sont en tôle peinte.

Ainsi que je l'ai indiqué plus haut, les habitants de Moscou, comme ceux du reste de la Russie, se partagent en trois classes : les nobles, les marchands et les paysans. Les nobles exercent sur leurs paysans une autorité presque souveraine; ils peuvent leur infliger des peines corporelles et leur défendre de se marier; ils fixent l'impôt qu'ils doivent payer, et désignent ceux d'entre eux qui doivent marcher quand l'empereur ordonne une levée d'hommes. Si l'on considère les seigneurs russes dans leur vie privée, on les trouve remplis de goût, d'élégance et de magnificence; ils sont amateurs des arts, curieux de tout ce qui est nouveau et rare ; on trouve chez eux un luxe inconnu aujourd'hui dans le reste de l'Europe. Il y a, par exemple, tel grand seigneur qui entretient 2 ou 300 domestiques. On connaît la musique des *cors*, qui, malheureusement, n'existe presque plus nulle part. Leur hospitalité ne peut se comparer à rien ; un étranger devient à l'instant leur ami. Cependant il serait imprudent de trop se fier à cet aimable accueil; car il y a dans leur caractère un tel fonds de bizarrerie et de légèreté, que l'on peut tout à coup tomber très-innocemment dans leur disgrâce, et alors on doit s'attendre à être aussi maltraité par eux que l'on avait été comblé de politesses auparavant.

Les marchands forment en Russie une classe particulière ; ils sont libres sans pouvoir avoir d'esclaves; ceux de Moscou jouissent de grands priviléges. Le commerce de cette ville est très-considérable. On reconnaît les marchands à leur longue robe attachée par une ceinture; presque tous portent encore la barbe.

Les paysans russes sont heureux, leurs seigneurs les traitent habituellement bien, et viennent toujours à leur secours en cas d'incendie ou de mauvaise récolte ; aussi n'aspirent-ils point à une liberté qu'ils ne comprennent pas et dont ils ne sauraient que faire. Ils ont peu d'idées et par conséquent peu de besoins. Leur vêtement se compose d'une robe de drap grossier, de sandales en écorce de bouleau ; ils se baignent souvent. Leurs cabanes sont aussi simples, mais moins sales que celles des paysans polonais ; le dessus du poële sert de lit ; toute la famille y dort pêle-mêle. Leur nourriture est saine et grossière ; elle se compose de pain de seigle, de légumes et de boissons aigres. Ils sont religieux et même superstitieux.

## NOTE C.

—

## DÉTAIL EXACT DES PERTES DU 4ᵉ RÉGIMENT.

### SOLDATS.

2,150 hommes ont passé le Rhin ; un détachement de 400 hommes rejoignit à Moscou ; un autre de pareille force, à Smolensk ; enfin, un de 50 à Wilna ; total, 3,000 hommes qui ont fait la campagne. Or, de ces 3,000 hommes, 200 seulement sont revenus avec moi sur la Vistule, et environ 100 sont rentrés de prison ; il y a donc eu une perte de 2,700 hommes sur 3,000, c'est-à-dire des neuf dixièmes.

### OFFICIERS.

109 officiers de tous grades ont fait la campagne en tout ou en partie.

40 ont été tués, ou sont morts dans la retraite, ou dans les prisons de l'ennemi.

20 sont restés prisonniers, la plupart blessés.

35 ont été blessés, plusieurs à deux reprises.

14 n'ont pas été blessés.

Ainsi, 49 officiers sont rentrés, dont 35 blessés, ou l'ayant été dans le cours de la campagne.

# ÉTAT NOMINATIF

DES OFFICIERS DU 4ᵉ RÉGIMENT D'INFANTERIE DE LIGNE
QUI ONT FAIT LA CAMPAGNE DE RUSSIE

## (1812).

(Les notes entre parenthèses indiquent les faits postérieurs à la campagne.)

| NOMS. | GRADES. | OBSERVATIONS. |
| --- | --- | --- |
| MASSY, | Colonel. | Nommé depuis un an. — Tué à la Moscowa. |
| DE FEZENSAC, | id. | |
| CHAVANNES, | Major. | Chef de bataillon. — Nommé major pendant la campagne. — Blessé à Smolensk. — Rentré en France avant la retraite. |
| THOMAS, | id. | Chef de bataillon. — Nommé major. — Blessé. |
| LANNE, | Chef de bataillon. | Était capitaine. — Tué à la Moscowa. — Il venait d'être nommé baron. |
| CASTIE, | id. | Blessé. (Mort de maladie à Nancy.) |
| DE MONTJAVOULX, | id. | Était capitaine. — Blessé à la Moscowa. — Prisonnier à Kowno. |
| FLORENÇON, | id. | Était capitaine. — Tué à la Moscowa. |
| D'ARCINE, | id. | Était capitaine. — Nommé chef de bataillon à Moscou. — Blessé à la Moscowa. (Maréchal de camp sous la restauration.) |
| LAUTRÉ, | id. | Était capitaine. — Mort près de Kowno. |
| MOUILLARD, | Adjudant-major. | Blessé. — (Major retraité.) |
| DUPETIT, | id. | Mort dans la retraite. |

| NOMS. | GRADES. | OBSERVATIONS. |
|---|---|---|
| Thomire, | Officier-payeur. | Prisonnier à Kowno. — Mort. |
| Montigny, | Porte-aigle. | |
| Léonard, | Chirurgien-major. | |
| Lavigne, | Aide-major. | Prisonnier à Kowno. |
| D'Ogny, | id. | Blessé. |
| D'Angouille, | id. | |
| Pellegrin, | id. | |
| Mafran, | Sous-aide-major. | Mort dans la retraite. |
| Ferrand, | id. | idem. |
| Gamottis, | id. | idem. |
| Massy, | Capitaine. | Blessé — Prisonnier. |
| Thévenin, | id. | Blessé. — Prisonnier à Kowno. |
| Capdeville, | id. | (Tué à Leipzig.) |
| Dufay, | id. | Blessé. |
| Grégoire, | id. | Blessé. |
| Capuron, | id. | Blessé. — Rentré en France avant la retraite. |
| Delachau, | id. | Blessé. — (Colonel du 29e sous la restauration.) |
| Tierce, | id. | Blessé deux fois. — (Tué à Leipzig.) |
| Gourat, | id. | Blessé. — Rentré en France avant la retraite. |
| Soulerac, | id. | Blessé. — Prisonnier. |
| Dunac, | id. | Mort dans la retraite. |
| Isard, | id. | Blessé. |
| Gimont, | id. | |
| Mérès, | id. | Blessé. |
| Barthélemy, | id. | Blessé. — Rentré avant la retraite. |
| Venon, | id. | Blessé. |
| François, | id. | Le plus ancien du régiment. — Il n'a point fait la campagne ; il nous joignit à Wilna pendant la retraite ; il conduisait les effets d'habillement. — (Tué à la Rotière près Brienne.) |

| NOMS. | GRADES. | OBSERVATIONS. |
|---|---|---|
| FREU , | Capitaine. | Prisonnier par suite de blessures ; — Mort dans les bois le long du Dniéper. |
| LANUSSE , | id. | Blessé à Smolensk d'un coup de feu qui le rendit aveugle. — Mort pendant la retraite. |
| QUEYROL , | id. | Prisonnier à Wilna. |
| PARENT , | id. | Il a conduit à Moscou un détachement de recrues. — Prisonnier. — Mort. |
| DELAGE , | id. | Mort dans la retraite. |
| BORDÈRE , | id. | |
| PAUX , | id. | |
| ASTRES , | id. | Rentré avant la retraite. |
| AMBLARD , | id. | Prisonnier. |
| FRANÇOIS , | id. | Blessé. |
| CONDON , | Lieutenant. | Blessé. |
| LORITZ , | id. | Prisonnier. |
| ALBERT , | id. | |
| SALIÈRES , | id. | Blessé à Smolensk. |
| DAMIENS , | id. | Blessé. — Prisonnier. |
| CAMPS , | id. | Prisonnier. |
| CAILLOT , | id. | Blessé. |
| HALUM , | id. | Prisonnier. |
| DESCLAUX , | id. | (Tué à Brienne.) |
| RUTY , | id. | (Tué à Montereau.) |
| PIFFAUD , | id. | |
| LALANDE , | id. | Prisonnier. — Mort. |
| CANDY , | id. | Mort d'épuisement à la Bérézina. |
| FERLAC , | id. | Blessé. |
| SIOUTA , | id. | (Tué à Leipzig.) |
| BURTIN , | id. | Blessé deux fois. — Prisonnier au-delà de Kowno. |
| CHENU , | id. | Blessé. |
| LAMARQUE , | id. | |
| QUINSAC , | id. | Blessé. — Mort. |
| FOUCHET , | id. | Prisonnier. |

| NOMS. | GRADES. | OBSERVATIONS. |
|---|---|---|
| SIRE, | Lieutenant. | Blessé deux fois. |
| FERRAND, | id. | Prisonnier. |
| SAUNIER, | id. | |
| D'ARTIGAUX, | id. | (Tué à Leipzig.) |
| BERTEUIL, | id. | Mort d'épuisement après Kowno. |
| MERCIER, | id. | Tué à la Moscowa. |
| EULRIER, | id. | Prisonnier. |
| BOYER, | Sous-lieutenant. | |
| ROBIN, | id. | Blessé à Smolensk. — Prisonnier. |
| BAJON, | id. | |
| LARENNE, | id. | Blessé. |
| VASSALE, | id. | Prisonnier. |
| HERVIER, | id. | Tué à Krasnoi. |
| ROLLET, | id. | Blessé. |
| CHAILLON, | id. | Prisonnier. |
| CASTERA, | id. | Prisonnier. |
| ADAM, | id. | Blessé. |
| CHARLES, | id. | Amputé à Smolensk; prisonnier. — Il était sergent, et mourut en Russie sans avoir reçu sa nomination. |
| DUCASSE, | id. | Tué. |
| GENNETÉ, | id. | Blessé. |
| FOCARD, | id. | Blessé. |
| CONSTANTIN, | id. | Amputé à la Moscowa. — Prisonnier à Krasnoi pendant la retraite. |
| ANDRÉ, | id. | |
| RUCAT, | id. | Blessé. — Nommé dans la retraite. — Il était sergent. |
| LECOEUR, | id. | Mort. |
| CAILLET, | id. | Prisonnier. |
| HIGUIER, | id. | (Tué à Leipzig.) |
| JOLLY, | id. | Mort étant prisonnier, par suite de blessures. |
| GRANDIDIER, | id. | Blessé. — Mort. |
| MOUTIN, | id. | (Tué à Leipzig.) |
| PESSAY, | id. | Blessé. — Mort. |

| NOMS. | GRADES. | OBSERVATIONS. |
|---|---|---|
| Chéret, | Sous-lieutenant. | Nommé pendant la retraite ; — N'a pas rejoint. — Malade et prisonnier à Kœnigsberg. |
| Rouchat, | id. | Vélite de la garde. — Nommé à Moscou. — Tué par l'explosion d'un caisson près de Smolensk. |
| Jacquot, | id. | Tué à Smolensk. |
| Gassan, | id. | Tué à Valontino. |
| Bourgoin, | id. | Élève de l'École militaire. — Arrivé à Viasma pendant la retraite. — Prisonnier. — Mort. |
| Marcorelle, | id. | Élève de l'École militaire. — Arrivé avec un détachement à Smolensk pendant la retraite. — Prisonnier. — Mort. |
| Vésu, | id. | Comme le précédent. — Prisonnier. — Mort. |
| Crépin, | id. | Tué à Valontino. |
| Langlade, | id. | Élève de l'École militaire. — Prisonnier. — Mort. |

# NOTE D.

## ITINÉRAIRE DU 3ᵉ CORPS PENDANT LA RETRAITE.

| | | |
|---|---|---|
| Octobre. | 19 | Départ de Moscou. — Bivac sur la route de Tschirkovo. |
| — | 20 | Tschirkovo. |
| — | 23 | Départ à minuit. |
| — | 24 | Bivac sur la route de Bowrosk. |
| — | 25 | Suite de la marche. |
| — | 26 | Bowrosk. |
| — | 27 | Départ le soir. |
| — | 28 | Le matin à Véreya. — Le soir à Ghorodock, Borisow. |
| — | 29 | Abbaye de Kolotskoi. — Route de Moscou à Smolensk. |
| — | 30 | Gyat. |
| Novembre. | 1 | Viasma. |
| — | 5 | Senlévo. |
| — | 6 | Postuïa. — Dwor. |
| — | 7 | D'horogobuz. |
| — | 8 | Combat de D'horogobuz. — Bivac à deux lieues en arrière. |
| — | 9 | Bivac. |
| — | 10-11 | Slobpnévo. (Combat le 11.) |
| — | 12 | Bivac sur la route de Smolensk. |
| — | 13 | Bivac aux approches de Smolensk. |
| — | 14 | Faubourg de Smolensk. |
| — | 15-16 | Smolensk. (Combat le 15.) |
| — | 17 | Koritnya. |
| — | 18 | Arrivée devant Krasnoi. (Combat.) — Passage du Dniéper. |
| — | 19-20 | Marches sur la rive droite du Dniéper. |
| — | 21 | Le matin à Orcha, le soir à Kochanow. |
| — | 22 | Tolostchin. |
| — | 23 | Bobr. |
| — | 24 | Natcha. |
| — | 25 | Némonitsa. |
| — | 26 | Vésélovo. (Passage de la Bérézina dans la nuit.) |
| — | 27-28 | Bivac sur la rive droite du fleuve. (Combat de la Bérézina le 28.) |

Novembre. 29 Zembin.

— 30 Kamen.

Décembre. 1 Bivac dans la direction de Molodetschno.

— 2 Ilia. (Départ la nuit.)

— 3 Molodetschno.

— 4 Biénitza.

— 5 Smorghoni.

— 6 Oszmlana.

— 7 Miédnicki.

— 8–9 Wilna.

— 10 Bivac route de Kowno.

— 11 Zismory.

— 12 Kowno.

— 13 Départ le soir. — Marche de nuit.

— 14 Village dans la direction de Neustadt.

— 15 Neustadt.

— 16 Pillkahlen.

— 17 Rohr.

— 18 Saliau.

— 19 Tapiau.

— 20 Kœnigsberg.

— 21 Braunsberg.

— 22 Heiligenbeil.

— 23 Neuenkirschen.

— 24 Aux environs d'Elbing.

— 25 Marienbourg.

— 26 Cantonnements dans l'île de la Nogat.

# TABLE.

## CHAPITRE VII.

### RETRAITE DE LA BÉRÉZINA A WILNA.



## CHAPITRE VIII.

### RETRAITE DE WILNA A KOWNO.



## CHAPITRE IX.

### RETRAITE DE KOWNO SUR LES BORDS DE LA VISTULE.



## CHAPITRE X.